KB061739

베테랑의 몸

일러두기

— 본문에서 인터뷰이의 연령은, '세는 나이'(태어나자마자 한 살로 시작해서 매년 1월 1일 한 살씩 더하는 방식)로 통일해 표기했다.

— 3부 제목인 '말하는 몸'은 2021년에 출간된 《말하는 몸》(박선영·유지영, 문학동네)의 책 제목을 참고했다.

— 이 책이 만들어지까지 섭외와 취재에 도움을 주신 수어통역협동조합, 전국금속노동조합 종로주얼리분회, 전국경마장마필관리사노동조합 서울지부, 참손길공동체협동조합, 한국여성노동자회를 비롯해 박근호(해양환경인명구조단), 박선영, 박지홍(봄날의책), 엇지(여리강인), 이산, 장안석(안전보건연구소 온전), 정윤영(싸람), 정하나, 최경환 그리고 이 책에 이름을 담진 못했으나 큰 도움을 주신 분들께 감사드린다. 촬영 장소를 제공해주신 활판공방, 참손길지압힐링센터 마곡점, 전국여성노동조합, 세신샵 여휴, 브레이브 썬샤인, 미즈제일여성병원에도 감사의 마음을 전한다.

베테랑의 몸

일의 흔적까지
자신이 된
이들에 대하여

희정 글 · 최형락 사진

한겨레출판

차례

3부   말하는 몸

프롤로그

"저는 아무 소리도 내지 않고 접시를 내려놓을 수 있어요. 떨어트린 포크를 집어 드는 데도 저만의 방식이 있답니다. 사람들은 제가 얼마나 우아하게 일을 하는지 알고 있어요. 마치 무대에 선 것 같아요."❶

제목도 "일"인 책에서 이 구절을 읽었을 때 아름답다고 생각했다. 테이블 사이를 미끄러지듯 누비는 식당 종업원의 걸음이 머리에 그려졌다. 서빙 아르바이트를 한 적이 있다. 밀려 들어오는 손님들 앞에서 여유롭기란 여간 어려운 일이 아니다. 그런데 우아하기까지 하다니. 나와 같이 일을 하던 식당 사람들은 다른 음식점에 밥을 먹으러 가도 띵동, 호출 소리가 나면 일제히 고개를 돌렸다. 테이블 번호를 알리는 전광판이 있는 방향이었다. 오랫동안 식당 매니저 일을 한 사람은 자기 밥상에도 수저를 각 맞춰 가지런히 놓았다. 이것이 식당 종사자라면 갖춰야 할 '애티튜드'라고 했다. 그 매니저를 별로 좋아하진 않았지만, 그가 자신의 직업에 보이는 긍지가 놀라웠다.

　세월이 흘러 내게 전업이 생기고 일하는 사람을 만나는 일을 직업으로 삼게 되면서, 그때 나를 놀라게 한 자부심이 놀랍도록 흔하다는 사실을 알게 됐다. 많

❶　스터즈 터클, 노승영 옮김, 《일》, 이매진, 2007, 11쪽.

은 사람이 자신의 일에서 의미를 찾으려 했다. 회사에서 받은 부당함을 토로하다가도 "이 직업을 유지하는데는 어떤 능력이나 기술이 필요한가요?"라고 물으면, 표정이 슬며시 밝아졌다.

하지만 자부심을 유지하는 것은 그 표정과 무관한 일이었다. 스물을 갓 넘긴 그때의 나조차 알고 있었다. 식당 종업원들은 파트타임 아르바이트로 채워지고, 주방 일은 재중동포로 갈이 되고 있었다. 세상 물정 모르던 나도 사장이 쌓인 경력만큼 연봉도 높은 매니저를 달가워하지 않는다는 것 정도는 알았다. 식당의 모든 것이 쪼개지고 짧아지는데, 그의 긴 경력이 그대로 남을 순 없었다.

"기술을 배워서 굶어 죽게 됐어."

이건 나이 지긋한 인쇄공이 한 말. 일류 기술자가 되었는데 손때 묻은 기계가 사라졌다. 그 자리에 들어선 신식 기계는 손을 필요로 하지 않았다.

"기계가 자동화되니까 연봉 많이 받는 기술자부터 자르는 거야."

과거 베테랑들이 어디서 어떻게 지내는지 알려주며 아주 슬픈 이야기라고 덧붙이는 걸 잊지 않았다. 하지만 그때 그는 슬프다기보다는 애착 인형을 빼앗긴 꼬마 같은 얼굴이었다. 이내 그런 표정은 칼날 돌아가는 재단기 앞에서 사라진다.

"기계 앞에선 다른 생각 하면 안 돼."

그리고 말했다.

"기계는 피도 눈물도 없어."

사람 손가락 수 개를 자르고도 재단기는 검은 말처럼 우아한 자태를 자랑했다. 그러나 내가 원망하는 대상은 이 냉혈한이 아니다. 짐짓 무심한 듯 말하면서도, 수십 년 동안 피도 눈물도 없는 기계들을 길들인 자부심을 감출 수 없는 저 인쇄공이다. 그 표정을 원망하면서도 애정한다.

베테랑

한 분야에 오랫동안 종사하여 기술이 뛰어나거나 노련한 사람. 장인, 달인, 고수라고 바뀌어 불러도 크게 어긋나지 않는다. 베테랑을 만나고 싶었다. 하지만 한 사람이 자신을 베테랑이라 명명하는 데는 많은 망설임이 섞인다. '베테랑의 몸'이라는 키워드를 들고 일터까지 찾아간 내가 기껏 한다는 질문도 이것이었다.

"자신을 베테랑이라 생각하세요?"

사람에 따라 망설임 없이 고개를 끄덕이기도, 손부터 내젓기도 했다. 베테랑이라는 호칭이 부담스러워 내가 오는 날 아침까지 고민했다는 사람도 있었다. 망설임 없는 긍정은 오히려 내 눈에 젊은 패기처럼 보일 경우가 있고, 자신이 무슨 베테랑이냐며 도리질을 치는 사람 앞에선 괜한 오기가 생겨 자꾸만 물었다.

"어떤 사람이 베테랑이라 생각하세요?"

그가 나름의 대답을 하면 나는 얼른 맞장구치며 말했다.

"그거 본인이신데요."

상대는 그제야 인생에서 이런 이름표를 달아도 될지 모르겠다는 얼굴로 말했다.

"베테랑인 줄은 모르겠지만, 이것만은 지키고자 해요."

자신을 최고라 자칭하는 것은 조심스럽지만, 저마다 최선을 다하여 지키는 선이 있다. 고객 앞에서 자신이 모르는 것은 없게 하고 싶었다. 망망대해 어디서든 빈 그물로 오는 일이 없는 자신을 믿었다. 수십 미터 하늘 위에서 목숨은 하나라는 것을 잊지 않았다. 내가 그런 사람이지. 수저를 가지런히 놓는 자부심은 그렇게 만들어졌다. 이들의 말을 듣다 보면, 어느새 나의 노동인 글쓰기에서 부여잡고 지켜야 하는 선은 무엇인가를 더듬게 되었다. 하지만 느긋한 감상은 이 말 앞에서 바스러졌다.

"열심히 하는 거죠. 열심히 하는 걸 못 하는 사람

은 없잖아요."

베테랑들은 참 이 말을 좋아했다. "그냥 하는 거죠." 다만 열심히.

노동이라는 것은 냉정하여 무엇이건 지키고자 한다면 몸을 움직여야 했다. 찰나의 성과도 특별한 것 없어 보이는 기술도 대가 없이 내주지 않았다. 시간을 내놓은 베테랑들은 둥근 달과 함께 퇴근해야 했고, 굳은살이 박혀야 했고, 눈물을 머금어야 했고, 살이 벗겨져야 했고, 기약 없이 기다려야 했다. 그리고 오래 한자리에 붙박였다.

오래 붙박인 사람의 뒤태를 본 후에야 내가 들어야 할 이야기가 무엇인지 깨닫는다. 노래 한 소절로 신고식을 하고, 심부름을 하느라 고무신 닳게 돌아다니고, 새벽에 몰래 출근해서 선배들 작업대에 앉아보던 초보 작업자가 베테랑이라 불러도 손색없는 이가 되기까지, 그가 일터에서 보낸 시간이다.

몸

하다 보면 되는 것이 베테랑이라고 했다. 베테랑들이 하는 말이었다. '하다 보면 늘어난다'는 숙련은 반복과 연습, 시도와 정정으로 완성되는데, 하루가 이틀이 되고 그것이 주·월·연 단위로 이어져 '어느덧 돌아보니

10년을 일했네' '30년이 되었네' 한다. 그 세월 동안 철을 긁는 이의 손톱이 닳듯 몸도 닳는다.

베테랑 안마사는 고객의 몸을 만지면 직업이 유추된다고 했다. "근육만 만져봐도 알아요." 그가 어떤 일을 하는 사람인지, 어떤 자세로 일을 하는지. 나 또한 자주 듣는 말이 있긴 하다. "책상에 오래 앉아 있죠?" 목이 다 굳었다고 한 소리 들은 다음에 나오는 말이다. 베테랑 안마사도 연신 오른손 엄지를 주물렀다. "손가락 많이 쓰는 일을 하지요?" 그에게 이리 묻는 사람이 있을까.

몸은 일의 기억을 새기는 성실한 기록자이다. 이른 아침 작업장, 주방, 목욕탕, 출산실, 연습실 문을 열고 들어간 그의 성실은 성실하게 몸에 새겨진다. 일하는 사람은 자신의 성실이 자신과 가족을 먹이고 입히고 살린다고 믿지만, 몸에 성실히 새겨진 노동의 기록은 대가를 요구한다.

손가락에서 손목으로, 손목에서 어깨, 목, 허리, 골반으로. 그는 통증으로 인해 관절이 어떻게 이어져 있는지를 알게 된다. 통증이 자세를 만들고, 자세는 체형을 만든다. 반복된 행동은 버릇과 습관으로 남는다. 그러다 보면 어느덧 뱃심 든든한 몸통, 짙게 그을린 피부, 딴딴한 장딴지, 표정이 다채로운 얼굴, 짧게 다듬

어진 손톱, 갈라진 발바닥, 우렁찬 목청, 청력 낮은 귀
는 자신의 것이 된다. 젊은 시절, 아직 노동을 거치지
않았을 때는 상상하지 못했던 몸을 안고 살아간다.

관계

여기까지 쓰고 생각한다. 베테랑의 몸을 안다는 것은
나에게 무슨 의미인가. 그들의 이야기를 듣는 나의 노
동은 내게 어떤 의미인가.

　　내가 그들에게서 본 것은 어떤 '가짐'들이다. 일
을 위해 꾸준히 운동한다는 이도 있고, 일을 위해 등산
조차 하지 않는다는 이도 있었다. 놀기 좋아하면 이 일
못한다고 따끔하게 말하는 이도, 일해서 번 돈은 떳떳
한 것이니 일할 때 겪는 일에 자존심 상할 것이 없다
는 묘한 위로를 건네는 이도 있었다. 자신만의 원칙이
무엇이건, 모두 견디고 버티고 인내하며 꼴을 갖춘 몸
가짐과 마음가짐이었다.

　　그 '가짐'은 때로 이해의 영역으로 넘어가기도 했
다. 자신이 쓰는 기계를 파악하려 하고, 도구를 알려고
하고, 자신과 합을 맞춰야 하는 인간과 동물을 이해하
려고 했다. 나 역시 베테랑의 손을 보다 보니 그가 쥐
고 있는 것이 보이고, 그의 발을 보다 보니 그가 디딘
곳이 어디인지를 깨닫게 됐다. 그가 동료들과 나누는

이야기를 듣고, 관계 맺어야 하는 대상과 어떻게 눈을 맞추는지를 보았다.

노동이라는 것은 손에 무언가를 쥐고, 땅에 발을 딛고, 나와 다른 존재들과 연루되지 않고는 할 수 없는 일이기에 이해를 부여잡아야 했다. 노동은 내내 헤아리고, 읽어 내리고, 귀를 여는 일이었다. 혼자서는 이룰 수 없는 연결된 노동의 속성으로 인해, 나는 그가 다채로운 마음가짐을 가다듬는 것을 본다.

"나뭇결을 헤아리며 거기에서 자기 인생을 읽는 사람이 목수이고, 철 덩어리가 어디가 아픈지 귀를 열다가 문득 거기서 세상 목소리를 찾는 사람이 엔지니어라고 생각하고 산다."[2] 해도 티가 안 나는 그림자 노동 같은 일을 두고 "문지르고 닦다 보면 내 마음도 닦인다는 말을 좋아한다".[3]

그곳에 귀를 가져가기까지, 나무의 결을 헤아리기까지, 내 마음도 닦인다고 마음을 다잡기까지의 시간, 그이가 베테랑이 되어온 시간이다. 그 시간을 알고 싶어 이야기를 듣는다.

[2]   희정, 《두 번째 글쓰기》, 오월의 봄, 2021, 8쪽.
[3]   위의 책, 8쪽.

1부

균형 잡는 몸

세공사

김세모

"저희는 손 떨면
안 되거든요"

들어가며

베테랑. 경력 있는 기술자를 인터뷰해야 하는 '미션'이
주어졌을 때, 내가 떠올린 직업은 세공사였다.
그중에서도 금을 다루는 사람. 구석진 자리에 등지고
앉아 동전만 한 금덩어리를 두들기고 톱질하고 광을
내고. 윤기를 더한 금은 반짝이는데 그가 일하는
작업장은 낡고 어둡다. 이 명암 대비가 세공사를 더욱
'장인'처럼 보이게 한다.

    내 머릿속 주얼리 작업장 풍경이다. 이것이
나의 환상임을 안다. 우리는 타인의 직업에 환상을
품거나 편견을 가지거나, 그도 아니라면 무지하거나
무심하니까. 그래서 그의 일터로 간다. 평생 '일'을
다뤄온 사람과 마주 앉아 그의 손끝에, 어깨에,
발뒤꿈치에, 입가에 노동이 남긴 흔적을 본다.
관찰하기 위해서가 아니다. 흔적을 따라잡다 보면
노동이 삶에 새긴 자국, 때론 어떤 저력과 만나게
되는데 그제야 비로소 누군가의 일에 환상과 편견을
가지는 일이 멈춘다. 주얼리 세공사를 만나고 싶었다.

베테랑의 몸

광을 친다

김세모. 1991년, 스무 살 때부터 귀금속 작업장에서
일했다.

"지금은 공정이 나뉘었지만, 옛날에는 한 사람이
전체적인 걸 다 해야 했어요. 초(왁스) 뽑고 주물을 쏘
면, 현장에 가서 그걸 또 잘라서 시야기해서 뻥튀기하
고, 광 치고. 마지막에 아까 그 초 있죠, 그것을 석고에
넣는 것까지. 한 사람이 다 했어요."

당시에는 세공 기술자라 하면, 귀금속 모양을 왁
스로 만드는 과정부터 해서 주물 굽고 뻥튀기(세척)하
고, 세공 작업이라 불리는 톱질하고 줄질하고 시야기
(마무리)해서 광택을 내는 것까지, 일의 시작과 끝을
두루 다룰 줄 알아야 했다. 그래야 기술자라고 인정을
받았다.

7년쯤 지나자 주얼리 제작 환경이 변하기 시작했
다. 공정이 나뉘고 저마다 전문 분야가 생겼다. 분야별
기술자를 지칭하는 말은 기사였다. 그도 어느덧 '광 기
사'가 됐다.

"사람들이 귀금속을 찾는 이유가 광택이잖아요."

여기 말로는 '광을 친다'고 하는데, 세공 마지막
단계다.

"금이 처음부터 반짝거리진 않거든요. 맨 처음에

는 시커매요. 그게 점점 색을 찾다가 어느 순간 빛나는 때가 있어요. 그럼 됐다, 하는 거죠."

진짜 좋은 귀금속은 금의 중량을 가지고 논하지 않는다고 했다. 세공의 정교함과 광택의 빛깔이 제품의 가치를 결정한다. 그 차이를 어떻게 알아보냐고 물으니, 이리 말한다.

"보면 알죠."

보면 안다고 했다. 장인이 만든 제품은 광택이 남다르다. 심지어 같은 브랜드 제품일지라도 저마다 반짝이는 정도가 다르다고 했다.

"사람마다 내는 광이 다 조금씩 다르거든요. 우리는 기계가 아니잖아요. 사람이 손으로 다루기 때문에, 각자 체형도 자세도 다르고, 배워온 방식도 다르고. 똑같이 하기 힘들죠. 아, 이건 물건을 딱 보면 아는데."

그는 딱 보면 안다고 했지만, 지금 당장 나를 주얼리 상점에 데려간다 해도 반들거리는 제품들 사이에서 어떤 차이를 발견할 수 있을지 모르겠다. 고객의 눈에는 다 같은 반지고 귀고리지만 작업자에게는 마치 제품에 이름표가 붙은 듯 저마다의 기술과 숙련도가 보인단다.

"파지(불량)가 나왔다고 가져오면, 저희끼리는 그거 누가 만든 건지 알아요. 기술자들은 보면 알아요.

세공사 김세모

미세하게 조금씩 차이가 있으니까."

광택의 정도가 다르고, 곡선의 매끄러움이, 표면의 균일함이, 고리의 휘어짐이 다르다. 그것이 기술이라 했다.

김세모는 작업을 보여주겠다며 고속으로 회전하는 연마기 앞에 앉는다. 모터를 켜자 소리가 요란하다. 이미 나는 귀가 아픈데, 그는 실제로 작업하는 것이 아니니 모터 강도를 약하게 조정했다고 한다. 평소에는 연마기 휠이 더 요란하게 돌아간다. 쇠 갈리는 소리에 망치 두들기는 소리, 세척기 굉음까지 더해져야 현장의 진짜 소리가 재현된다.

김세모를 만나기 전 EBS 방송 프로그램 〈극한 직업〉을 포함해 세공 작업이 담긴 영상 몇 편을 봤다. 연마기도 그때 처음 보았다. 광택을 내는 데 중요하다는 랩(wrap) 기술이 나온다. 휠(랩장)이라 부르는 둥근 기계가 굉음을 내며 돌아간다. 빠르게 회전하는 휠 기계 날에 금속 조각을 가져다 대며, 영상 속 작업자는 말한다.

"여기는 밀 듯이 해주시고요. 이 부분은 가져다 댄다는 느낌으로만."❶

---

❶   얼티미시아, "쥬얼리 귀금속 광작업의 기초를 가장 쉽게 이해할 수 있는 영상", 유튜브 영상, 2019. 11. 06, https://www.youtube.com/watch?v=ZcbMTI5Cr3M&list=WL&index=10

❷   위의 영상.

무슨 소리인지 모르겠다만 이 말은 이해가 간다.

"힘 조절에 주의해야 합니다."❷

잘못했다가는 휠 날에 금속 대신 사람 손가락을 갈게 생겼다.

"조심해야 해요. 지금은 세게 팍 팍 하는 거처럼 보이지만, 이렇게 돌아가는 거에 물건을 무작정 갖다 대면 다 튀고 날아가요. 집중 안 하고는 하기 힘든 작업이에요. 아차, 하는 순간 다치고 물건이 깨져버리니까. 집중 안 하면 어떻게 할 거예요."

그렇다고 힘주어 붙잡고 있는 것이 능사는 아니다. 금속을 놓치지 않고 잡는 것마저 기술이다. 책상에 코를 박은 채 수그린 그의 뒷모습은 미동조차 없어 보이지만 손목과 손가락은 미세한 움직임을 멈출 줄 모른다. 휠에 가져다 대는 시간이 길면 금이 깎여 나가고, 그렇다고 너무 힘을 빼면 광이 나질 않는다. 힘의 고른 배분이 중요하다.

"꽉 잡고 있는 것마저 익숙해져야 하는데, 그건 자꾸 보고 자꾸 해보는 수밖에 없어요."

지금이야 핸드폰이 있고 카메라가 있지만 30년 전, 그가 일을 배울 때는 보고 또 보고를 반복할 수밖에 없었다. 지인 소개로 쭈뼛거리며 찾아간 작업장은 마침 대학교 졸업 반지 제작 주문이 들어와 작업이 한

세공사 김세모

창이었다.

"아까 금 올려 놓고 때리던 데 있죠. 작은 통나무 세워둔 거 같은. 그걸 모르라고 하는데, 거기 올라가서 노래하라고 시키더라고요."

작업장에서 한 기술자가 쇠망치로 금붙이를 내려 치던 것을 떠올린다. 그 충격을 감당할 만큼 단단한 통나무였다. 성인이 올라가면 발이 튀어나올 정도로 폭이 좁다. 그걸 무대라며 노래 한 곡 뽑아보라고 했다. 짓궂다. 일은 힘들고, 신입이라며 놀려먹기 좋은 어린 사람이 왔다. 김세모는 망설이지 않고 노래를 불렀다. 30년 전, 다소 수줍었으나 패기 넘쳤고 일을 빨리 배우고 싶던 출근 첫날이었다. 그런데 노래 부르고 나니 '옆에서 좀 봐라' 하고 끝이더란다.

"그때는 일도 안 가르쳐줘요. 눈치껏 보고 해라."

일은 많고, 일일이 기술을 알려줄 만한 여유가 없었다. 작업장은 매캐하고, 사람들은 거칠고. 당시에도 젊은 사람들이 왔다가 도망치듯 떠나곤 했다. 언제 떠날지 모르니 쉽사리 일을 일러주지 않았다. 그런데 김세모는 장인의 손을 수백 번 타야 작고 반짝이는 귀금속 하나가 나오는 과정이 마음에 들었다. 톱니바퀴 돌아가는 굉음이 귀를 때리고, 코밑이 늘 시커매도 몸은 간질간질했다. 저 작업대에 한시라도 빨리 앉고 싶었다.

"손재주라는 게 있더라고요."

주얼리 업종에 일을 배우러 같이 간 친구가 있는데, 그 친구랑 자신이 만들어내는 게 다르더란다. 자신은 아무래도 재주를 타고나지 않은 것 같았다.

"내가 저걸 하려면, 남들보다 일찍 출근하고 늦게 퇴근해야겠구나."

그는 늦게까지 남아 구리 같은 값싼 금속으로 연습했다.

"우리는 경력이 기술을 만드는 게 아니라, 내 기술은 내가 만드는 거거든요."

손목이 휘어져요

기술만 있다면 평생 먹고살 걱정은 없어 보였다. 손재주 있던 친구는 한 달 만에 떠났는데, 그는 이곳에 남아 30년을 보냈다..

"예전에는 손을 더 혹사했죠. 기계 힘이 약하면 손에 힘이 많이 들어가게 되거든요. 손목 이런 데가 다 휘어져요."

옛날이 아득하면서도 무탈하게 지나온 세월이 새삼스럽다.

"그때는 가림막도 후앙(환기) 시설도 없어서 광을 내면 금 먼지가 얼굴에 다 붙었어요."

↑ 고속으로 회전하는 연마기 앞에서 같은 자세로 장시간 일하다보면 손목과 손가락 외에도 어깨와 목, 허리에 많은 무리가 간다. 어쩌면 베테랑의 기술은 몸을 깎아 만들어지는 건지도 모른다.

베테랑의 몸

금만 붙으면 다행인데, 코를 풀면 검은 분진이 섞여 나오고 손톱에는 늘 이물이 끼었다.

"엔간해선 손톱 검은 게 안 지워져요. 양말을 스무 번은 비벼 빨아야 해."

세월이 흘러 성능 좋은 기계들이 등장했다고 일이 수월해진 것은 아니다. 망치로 금을 때려 모양을 잡아 제품 원본(샘플)을 만들던 것은, 이제 옛일이 됐다. 그 자리를 3D 프린터가 대신 했다. 원본 제작 기술자들은 빠르게 사라졌다. 다양하고 화려한 디자인이 가능해지자, 그에 따른 세밀한 세공 기술이 요구됐다. "곡선이 많을수록 더 어려운 기술이거든요." 세공과 광 파트 숙련공 대우는 더 좋아졌다. 반면 기계화에 따라 저숙련자를 찾는 수요는 크게 줄었다. 사람 손으로 하던 일이 기계로 대체됐다. 그러니 기술 가진 사람들이 이곳에서 나이 들어가는 동안, 젊은 사람들은 설 곳 없이 하나둘 떠나갔다.

김세모가 스무 살에 이곳을 찾았을 때는 지인 소개가 아니면 들어오기 힘들었다. "어디 사람 뽑는다는 공고도 붙이질 않아요." 알음알음 사람을 구하던 시절과 다르게, 이제는 학교에 세공학과가 생기고 개별 교습소도 늘었다. 일을 배워 개인 공방을 차리겠다는 꿈을 안고 젊은 사람들이 온다. 그런데 이 일터는 자신들이 생각한 것과 너무 달랐다. 이곳은 시간이 흐르지 않는 듯 멈춰 있다.

"자신들이 이렇게 배웠으니 너희도 그렇게 배워라, 그 방식으로 가르치려고 하면 안 되는 거예요. 세상은 바뀌었는데. 이건 오너들도 알아야 하는데. 계속했던 방식으로 사람을 대하고 공장을 운영하려니까 젊은 사람들이 안 오는 거예요. 급여도 적은데, 4대 보험도 안 들어줘, 쉬는 날도 제대로 없어."

임금은 낮고 주말·휴일도 따로 없고 고용보험조차 가입이 안 되는 일터가 적지 않다. 주얼리 제작업체 대부분이 5인 미만 사업장[3]이다. 노동조합이 생긴 이후 고용보험 미가입 문제가 수면 위로 드러났다. 아직도 월급을 현금 봉투에 주는 업체들이 있다. 직원을 고용했다는 흔적을 남기지 않으려 하는 것이다. 선배들은 수십 년을 이렇게 일해왔으니 어쩔 수 없다는 생각이 팽배하고, 신입들은 100만 원 살짝 넘는 현금 봉투를 받아 들고 나면 다음 날 출근할 생각이 사라졌다.

처음에는 괜찮았다. 기술 가진 한 사람이 젊은 사람 두세 명이 할 일을 너끈히 해냈다. 그만큼 대우받았다. 월급도 많았다. 다만 밤 10시가 넘어도, 자정이 지

[3]　종로 지역 주얼리 제작업체 10곳 가운데 8곳이 5인 미만 사업장이다. 2018년 고용노동부 발표 기준, 고용보험 미가입률은 83퍼센트에 이른다. 금속노조 주얼리분회는 이런 실태를 지적하며, 사업주들이 정부 지원의 기준이 되는 '10인 미만 사업장'을 유지하기 위해 직원 중 일부만 4대 보험에 가입시키는 편법을 쓰고 있다고 주장한다.

나도 퇴근할 수 없었다. 김세모 역시 이전 직장에서 광 파트(광실)를 혼자 맡았다.

"하루 14시간, 15시간, 쉬는 시간도 없이 그렇게 일하다 보니 몸이 망가지더라고요. 조금 더 하면 진짜 자리에서 못 일어날 것 같아서 몇 개월 쉬겠다고 하고 나왔어요."

몸이 망가졌죠, 이 말을 하며 씁쓸히 웃는다.

"저는 뜀박질도 못해요."

집중을 놓치면 휠 날에 금속이 튕긴다. 다칠 위험은 둘째이고, 마지막 단계인 광 작업에서 불량이 나면 앞선 노동이 아무 소용 없어진다. 망치질, 줄질, 땜질… 작은 반지 하나가 광실에 오기까지 무수한 손을 거친다. 이 생각을 하면 손에 힘이 들어간다.

"저희는 손 떨면 안 되거든요."

휠의 회전력을 오롯이 손가락 서너 개로 버텨낸다. 손가락은 감각이 없어지고 손목은 휘고 어깨가 말린다. 손가락 통증이 어느새 허리 디스크로 이어진다. 나는 인간의 뼈와 관절이 어떻게 이어지는지를 오랜 시간 한 자리에서 일하는 사람들에게서 배운다. 손가락에서 허리까지 이어지는 통증.

"척추뼈 4번, 5번을 누르고 있다는데. 근데 이 정도 병은 여기선 다 가지고 있는 거라."

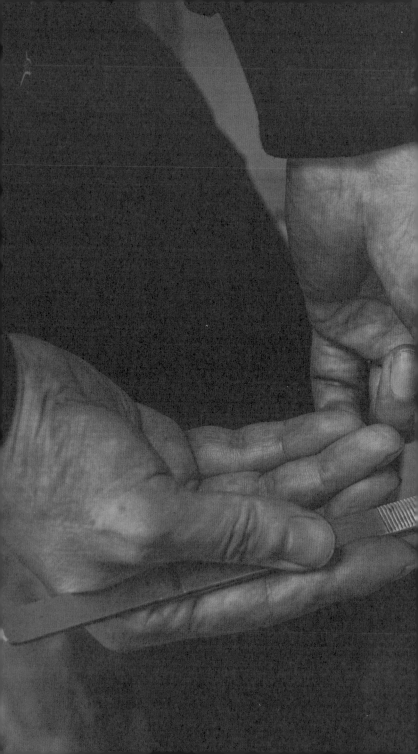

일주일에 한 번씩 디스크 신경 주사를 맞아야 하는데 '이 정도'는 '여기'에선 흔한 일이란다. 그래도 크게 다친 곳은 없어 다행이라고 하니 그가 이번엔 소리 내어 웃는다.

"크게 다치면 베테랑이 아니겠죠."

그렇다면 서서히 병드는 몸이 베테랑인가.

숙련공의 건강검진

많은 세공 베테랑들이 서서히 병들어 갔다. 세공 작업에 쓰이는 유해화학물질만 40여 종이 넘는다. 이는 정부 산하의 안전보건공단❹에서 밝힌 바다. 톨루엔(대표적인 생식독성 물질), 에탄올아민(화상 위험이 있는 물질), 에틸벤젠(발암물질로 의심되는 물질), 초산에틸(고인화성 물질) 등.

이런 나열이 무색하게도 10년 전만 해도 작업장에 청산가리가 방치되어 있었다. 청산가리는 일명 뻥튀기, 금 표면에 생긴 산화피막을 제거하는 세척 과정에 쓰였다. 현금 봉투로 받아 든 공임을 경마장에서 모두 잃고 다음 날 출근해서 청산가리를 먹고 생을 끊었다는 세공사의 이야기가 괴담처럼 존재한다. 어떤 귀금속보다도 색이 고운 푸른 가루 청산가리(시안화나트륨)가 작업장 구석 상자에 담겨 사람들 손을 탔다. 상자를 열고 닫는

❹ 안전보건공단, 〈직업건강가이드라인개발 최종 보고서-귀금속 및 관련제품 제조업〉, 2019.

과정에서 그 고운 가루가 공중에 퍼져 기술자들의 코와 입으로 들어갔을 테다.

귀금속 작업장에서 금을 갈고 닦는 것만큼 중요한 일은 금을 찾는 것이었다. 혹여라도 옷 주름 사이, 기계 틈새에 떨어졌을 작디작은 금 조각을 찾는 데 시간을 썼다. 손톱에 낀 작은 금가루마저 놓칠 세라 작업장을 오갈 때마다 초음파 세척기로 손을 씻게 했다. 하지만 광 기사의 손톱에 묻어 잘 지워지지도 않는 검은 분진에 신경을 쓰는 이는 없었다. 세공사의 손은 으레 더러운 것이다.

그들의 폐로 들어가는 유해물질도 신경 쓰지 않았다. 세공의 정밀함을 위해, 한편으론 금의 유실을 막기 위해 작업장 조명은 눈이 부시게 밝았다. 눈이 시렸을 텐데, 조명 때문인지 화학물질 때문인지 구별할 새도 없이 손등으로 눈만 비벼댔겠지. 눈이 침침해지는 건 노화 때문이라고, 허리가 아픈 것도 숨 쉬기가 힘들어진 것도 다 나이가 든 탓이라고만 생각했을 테다.

김세모에게 올해 건강검진은 받았냐고 물으니, 아직이란다. 새로 구한 직장도 일이 많다. 첫 인터뷰는 그의 직장 인근 음식점에서 이뤄졌다. 내게 내줄 수 있는 시간은 점심시간 50분에 불과했다. 그때 우리는 뜨거운 육개장을 시켰는데, 나는 그의 폐와 안구와 손가락을 걱정하기보다 식도를 염려해야 했다. 그 뜨거운 국물을 벌컥벌컥 들이켰다. 평생 그의 점심시간이 어땠을지 짐작 가는 대목이었다. 산업안전보건법은 유해인자에 노출된 노동자들에게 특수건강검진을 받도록 하고 있다. 한 조사에 따르면 특수건강검진을 시행한 귀금속 업체는 3.6퍼센트에 그쳤다.**❺**

우물 안 개구리

떠나는 사람도 많았지만, 수십 년 기술을 쥐고 버틴 사람도 많았다. 김세모를 비롯해 숙련공인 된 나이 든 세공사들에게 공임이 세다는 것은 큰 자부심이다. 자신의 기능을 증명하는 유일한 수단이기도 하다. 스무 살 통나무 위에서 노래를 부르던 소년은 귀금속 거리로 유명한 종로 일대에서 광 기술로 승부를 보는 노련한 작업자가 됐다.

그런데 김세모는 '내 기술'을 가진 숙련공이 되고 나니, 기술이 중요하지 않다는 생각을 하게 되었다고 했다. 그가 일하는 곳은 좁았다.

"내가 오늘 일을 그만두면, 바로 그날 저녁에 '너 일 안 구하냐' 하고 연락이 오는 거예요. 그만큼 좁아요."

이런 소문만 빠를 리 없다. 누가 고용보험을 가입해달라 하더라, 누가 야근수당을 요구하더라. 사장들 사

❺ 서울노동권익센터, 〈서울지역 주얼리 제조업 종사자의 안전과 건강실태 연구〉, 2019.

"베테랑은,

내가 아니라 우리가 일한다는 마음으로

일하는 사람."

이에 소문이 돌면 취업이 어려워진다. 기술만 있다면 어디든 갈 수 있다는 자부심으로 살아가는 사람들이다. 그런 이들에게 '받아주는 업체'가 줄어든다는 건 단순히 고용불안 문제가 아니다. 자신이 평생 쌓아 올린 기술과 쓸모가 무너지는 일이다. 그러니 불만이 있어도 입을 다문다. 후배들에게 원래 이 바닥은 다 그렇다고 말하게 된다. 아니다. 말없이 일터를 옮긴다. 기술이 있으면 어디든 갈 수 있다고 믿으며. 그렇게 기능공이라는 자부심이 잃어버린 권리의 자리를 채웠다. 김세모는 더는 그러고 싶지 않았다. 직장을 옮겼다. 종로를 떠났다.

새로 옮긴 직장은 정해진 시간에 일하고, 고용보험에 가입하고, 시간외수당을 계산하는 '회사 같은 회사'였다. 주얼리 업계에서 흔하지 않은 노동환경이다. 다만 규모가 있는 업체인 만큼 더 많은 기술력을 요구했다.

"저는 우물 안 개구리였더라고요."

백화점에 입점하는 제품을 만든다. 여기도 일을 가르쳐주진 않았다. 모두가 숙련된 기능공이라는 믿음, 아니 그런 사람만 쓴다는 방침.

"제품 주고 '이 모양으로 나와야 해요' 그러죠. 그러면 요령껏 해야 돼요."

한동안 적응하느라 고생했다. 늘 실력으로 평가받아야 하는 기능공의 세계가 듣는 나는 무섭기만 한데,

그는 대수롭지 않다는 듯 말한다.

"열심히 하면 되니까요. 열심히 하는 걸 못 하는 사람은 없잖아요."

30년 전처럼 이번에도 보고 또 봤다. 제품의 해체와 조립을 반복해 숙달한다. 한층 기술을 갈고닦는 요즘, 그런데 그는 동료들을 만나면 이런 말을 한다.

"기술은 종이 한 장 차이더라. '내 기술이 최고야' 하던 시절이 나도 있었는데, 그것도 이 좁은 바닥에서의 이야기였고. '내 기술, 내 기술' 할 시간에 '우리'가 일하는 곳을 한번 보라고. 그 시간에 후배들 어떻게 일하는지 보라고 하죠."

그는 보고 또 보았던 기술이 아니라, 동료를 보라고 이야기한다.

"오래 일한 사람에겐 여기가 불편할 것이 없어요. 기술이 있으면 아무도 건들지 않으니까요."

자신도 주얼리 작업장 한쪽에 자리를 틀고, 이어폰을 귀에 꽂고, 그렇게 홀로 작업했다. 모터 소리도 요란하니 이어폰을 귀에 꽂는다. 라디오 방송에서 들려오는 사람 목소리가 긴장을 누그러트린다고 했다. "그럴 때 누가 옆에서 치기라도 하면 깜짝 놀라죠." 서로를 방해하지 않는다는 것이 무언의 약속이라고 했다. 그러니 외떨어져 일한다. 내 기술을 챙기는 것이 우선이었다.

긴장된 동시에 지루하고 이따금 뿌듯했다. 그런데 멈춰 돌아보니, 이곳은 젊은 사람이 오지 않는 일터가 되어 있더라. 어느 날 갑자기 그리된 것이 아니다. 30년 동안 바뀌지 않고, 바꾸지 않았기 때문이다. '내 기술'에 파묻혀 공임이 최저임금에도 못 미치는 후배를 지나치고, 법정 공휴일에도 쉬지 않는 일터를 '나 때는 말이야'로 넘겼다.

모순되게 들리겠지만, 그는 혼자 하는 이 작업이 사실은 꽤 긴밀한 협업을 필요로 한다고 했다. 작업장 '막내'는 보통 팔찌 같은 줄 금속을 길이에 맞춰 자르는 일을 한다. 이 기술 없는 작은 일마저 제대로 이뤄지지 않으면 다음 단계로 넘어갈 수 없다. 개인이 아무리 기술이 좋아도, 동료들과 협업하지 않으면 제품의 질을 보장할 수 없다. 반지는 광 작업만으로 빛날 수는 없다. 혼자 기술 욕심을 낸다고 되는 일이 아니다. 노동 조건도 한 사람의 기술력으로 결정되는 것이 아니다. 혼자인 베테랑은 없다.

"기술적으로 명품과 비교될 만한 정도의 퀄리티 (품질)를 맞추느냐 아니냐가 아니라, 내가 아니라 우리가 일한다는 마음으로 일해야죠."

베테랑이 무엇이라고 생각하냐는 물음에 김세모가 한 답이었다.

"저는 그게 베테랑이라고 생각합니다."

베테랑의 몸

인터뷰 후기

그는 어떤 속도로 일을 해왔나

"정교한 작업을 하느라 늘 한쪽 눈을 감은 마른 체구의 사내가 외눈박이 커다란 새처럼 일분일초도 쉬지 않고 금속을 쪼아댔다."[6]

고정순 작가의 에세이집에서 발견한 문장이다. 작가는 어린 시절 영등포에 살았고, 그곳에는 쇠를 다루는 기술자들이 많았다. 모두들 일분일초도 쉬지 않고 한자리에 앉아 금속을 쪼아댔다. 점심에는 국수같이 간단하게 배를 채울 수 있는 음식을 시킨다. 은색 쟁반을 머리에 인 식당 직원들이 거리를 분주하게 오가며 점포마다 냉면 그릇을 하나씩 내려놓고 갔다. 앉은 자리에서 국수를 후루룩 마시듯 삼킨 이들은 언제 점심을 먹었냐는 듯 빈 그릇을 옆으로 미루고 다시 일을 시작한다. 노동을 기록하는 것이 일인지라, 나 또한 그런 기술자들을 종종 본다. 그런 사람이 담배라도 한 대 태운다고 일어서면, 그게 얼마나 고마운지. 그제야 자리에서 일어나 바깥 공기를 마실 기회를 얻는다. 담배가 더 몸에 해로울까, 담배조차 태우지 않고 한자리에 붙박인 자세가 더 해로울까. 머릿속으로 그가 병들 가능성을 잰다.

이런 서두름은 기술이 있는 곳곳에 존재하는데, 정비소에서 일하던 열아홉 현장실습생은 정비사 '어른'들이 뜨거운 믹스커피를 삼키듯이 마시는 걸 놀라워했다. 그들의 식도가 걱정된 실습생은 어느 날 찬물을 약간 섞어 커피를 타갔는데, "미적지근하게 이게 뭐냐"고 한 소리를 들었다고 했다. 그 이야기를 들은

---

[6]   고정순, 《안녕하다》, 제철소, 2016, 9쪽.

후로, 한동안 기술공들을 만나면 그들의 강철 같은 목울대를 곁눈질했다. 그러다 잊고 지냈는데, 기억이 새록 난 것은 김세모와 점심을 먹던 날. 육개장 진짜 뜨거웠는데.

그는 어떤 점심을 먹고 지냈나. 그의 아침과 점심, 점심과 저녁 사이에 존재하는 노동은 어떠했으며, 또 그는 어떤 속도로 일을 해왔는가. 그러나 그의 노동을 실제로 볼 기회는 없었다. 세공 작업장엔 외부인이 들어갈 수 없었다. 그곳에 금과 보석이 있기 때문이다. 그런 까닭에 그의 선배가 운영하는 작은 작업장을 빌려 사진 촬영을 했다. 그곳 사장이자 선배인 세공사는 사진작가 옆에서 심심해하는 나를 위해 이것저것 알려주었다.

그는 모든 세공 과정을 혼자 작업하고 있다고 했다. 20년 전 방식을 고수하고 있는 것이다. 한 사람이 전 과정을 총괄할 때의 장점을 알려주었다만 솔직히 잘 기억나지 않는다. 다만 그가 자신이 세공한 것이라며 손가락마다 반지를 하나하나 껴서 내 쪽으로 내밀던 장면은 잊히질 않았다. 이것들은 오롯이 내가 만든 것이라고 그의 열 손가락이 힘주어 말하고 있었다.

이제는 공정마다 분업이 되어 하나의 귀금속이 탄생한다. 광 기사는 반지의 광만이 '나의 것'이라고 말할 수 있게 된 것일까. 주물 기사는 원형 틀에 주물을 부어 만든 그 모양까지가 '내 노동의 산물'이라 말해야 하는 걸까. 그런 생각을 하며 김세모와 이야기를 나눴다.

베테랑에 관한 첫 번째 인터뷰였고, 나는 그에게 기술에 관해 물었다. 그는 계속 "하면 되는데" "보면 아는데" 같은 말을 했다. 후에 보니, 기술이 몸에 붙은 사람들이 몸에 붙은 것을 떼

　　　　　　　베테랑의 몸

어내어 설명하기 어려운 지점이 있었다. 인터뷰가 이어지고 그에게 베테랑이 무엇이라고 생각하냐고 물었을 때, 그는 동료를 챙기고 "우리가 일한다"는 마음을 가지는 이가 베테랑이라 했다. 숙련과 기술을 가벼이 뛰어넘은 답이었다.

분업화된 공정 속에서 그가 물건에 쏟아부은 특정한 기술이 그를 소외시키는 것은 아닌가, 이런 생각을 하고 있던 내 앞에서 그는 자신이 만든 생산물을 둘러싼 관계에 대해 말했다. 그 말이 나에겐, 노동 과정에서 만들어지는 관계가 그 자체로 노동이고 숙련이고 생산물이라는 이야기로 들렸다.

그날의 만남은 주말 저녁에 이뤄졌는데, 그는 다른 도시에 사는 가족에게 가기 위해 기차표를 끊은 참이었다. 기차 시간이 촉박하게 인터뷰가 끝났다. 그는 빠른 걸음으로 인파를 헤치며 사라졌다. 걸음을 재바르게 옮길 때마다 상체가 양옆으로 흔들렸다. 허리를 혹사해온, 아니 꾸준함을 지켜온 사람의 뒷모습이었다.

조리사

하영숙

"배에
힘 딱 주고 들어야지"

들어가며

사진작가의 요청에 맞춰 살짝 웃는 모습이 꽤
자연스럽다. 보통 카메라 앞에선 어색하기 마련인데.
분위기도 띄울 겸 물으니 "아이들 상대로 일해서
그런가 봐요"라며 눈매를 둥글게 구부려 웃는다.
　　　"이 일을 20년쯤 하니까, 주변에서 얼굴
　　　좋아졌다고 하더라고요. 애들이 예쁘기도
　　　하고. 또 애들 앞에선 기분 나쁜 일이 있어도
　　　웃게 되잖아요. '많이 먹어~' 이러면서."
직장생활이라는 것은, 수많은 기분 상하는 일들과
그럼에도 웃게 되는 순간으로 이뤄지니까.
　　　"사람들이 맛있게 먹으면 나도 좋잖아요.
　　　급식실에 있을 땐 애들이 밥 먹겠다고 막
　　　뛰어와요."
그 모습을 보는 게 좋았다. 이것도 7년 전 이야기.
21년간 초등학교 급식실 조리사로 일하다 정년퇴직을
했다. 지금은 시민단체 사무실에서 점심 식사를
담당하고 있다.

앞치마를 동여매는 순간

'공간 일과 여성'이라는 간판을 단 건물로 들어선다. 여성노조를 비롯해 여성 관련 단체들이 입주한 건물[❶]이다. 일과 여성이라. 조리사 하영숙을 말하기에 이만큼 좋은 키워드가 더 있을까. 건물 4층으로 올라와 왼편으로 난 문을 열고 들어가면 2평 남짓한 주방이 보인다. 싱크대 한편엔 말갛게 씻긴 양파와 당근이 소쿠리에 담겼고, 가스 불 위로는 국이 보글보글 끓고 있다. 이곳의 찬장과 싱크대만 보면 여염집 주방과 다를 것이 없다.

"싱크대가 저한테 높아요."

하영숙은 자신의 키가 다소 아쉽다는 듯 말한다. 그러고 보니 내가 신은 납작한 손님용 슬리퍼와 다르게 하영숙은 통굽 달린 신발을 신고 있다.

"학교 다닐 때도 만날 1번. 막 손 들고 선생님한테 나 1번 안 한다고 했어요."

키 순서로 정하는 학급 순번이 마음에 들지 않는다고 손을 번쩍 드는 용감한 꼬마가 떠올라 슬쩍 웃음이 난다. 그 어린이가 커서 주부가 되고 조리사가 되고, 지금의 자리에 있는 일을 듣는 시간이 되겠다 싶다. 그렇지만 그의 일을 보는 게 우선이다.

주방 일을 잘 모르는 내가 보아도 손놀림이 능숙

하다. 동작에 군더더기가 없다. 한 손으로 국자를 잡아채고 다른 손으론 파를 한 움큼 집어 든다. 양념통 하나를 집는 데도 망설임이 없다. "그럼요. 살림이 몇 년째인데." 그가 기분 좋게 웃는다. 조리실에 들어서 앞치마를 동여매는 순간, 일의 순서가 한눈에 그려진다고 했다.

"일에 순서가 있나요?"

"먼저 식사 인원을 확인해요. 오늘은 열다섯(명)이네. 그러면 거기 맞춰서 제일 먼저 쌀부터 씻어요. 음… 말로 하려니 좀 어렵네요."

몸에 붙어있는 일을 꺼내 펼쳐 보이려니, 어색하다.

"우선 쌀을 씻어 불린 다음에 채수를 우려요. 이제 다듬어야 할 재료를 구분해야 하는데, 삶아서 물기를 빼야 하는 것 먼저 하고, 볶아야 하는 재료는 나중에. 오징어를 손질한 다음에는 볶음에 들어갈 채소를 썰고, 끝나면 준비한 오징어를 데치고 식혀서, 그 사이 콩나물을 씻어서 삶고, 삶는 사이에 꽈리고추를 다듬어요. 다 삶아진 콩나물은 꺼내서 소금 간을 먼저 하고 식혀요. 꽈리고추는 삶아서 바로 양념해서 제일 먼저 완성할 거예요. 원래 물이 덜 생기는 음식부터 끝내는 거예요. 오징어는 마지막에 볶아줄 거고."

오늘 반찬은 오징어볶음과 콩나물무침. 여기에

↓   오늘의 메뉴는 오징어볶음. 대파, 양파 등 채소를 다듬고 자르는 솜씨가
지나온 세월만큼 능숙하다.

조리사 하영숙

꽈리고추찜을 곁들인다.

"오징어볶음이랑 콩나물무침은 같이 비벼 먹기 좋은데, 둘만 있으면 식탁에 초록색이 부족하니까 꽈리고추가 들어가면 좋죠. 반찬은 색도 맞추고 간도 맞춰야 해요. 그리고 국은, 요즘 날이 더우니까. 오이냉국. 더울 때 불 쓰는 요리를 내주면 먹는 사람도 더위에 지쳐요."

한여름에도 내내 가스레인지 불 앞에 있는 사람이 먹는 사람을 배려한다. 그의 말을 들어보면, 밥상은 온통 배려로 채워진 작은 공간이다. 음식 간만 맞추는 것이 아니다. 색도 맞추고, 온도도 맞춘다. 계절과 날씨를 고려하는 것은 물론, 평범한 반찬 하나에도 식탁에 나가는 순서가 있다고 했다. 삶거나 졸여야 하는 음식은 조리를 먼저 시작한다. 식히는 동시에 간이 배어들 시간을 주는 게다.

그런데 주방 일이란, 주방에 들어선 뒤에야 시작되는 것이 아니다. 조리실 귀퉁이에 놓인 달력 칸마다 음식 메뉴가 빼곡하게 적혀 있다. 하영숙의 식단표다. 정해진 금액에서 하영숙이 자유롭게 식단을 짤 수 있다고 했다. "그래서 재미있어요." 사람들에게 뭘 먹일까 생각하는 게 좋다. 요즘같이 땀이 주룩 흐르는 날에도 시장에 가면 눈이 반짝인다고 했다.

"제철에 나오는 식자재가 얼마나 신선하고 좋아요? 그거 사서 이렇게 해줘야겠다. 이런 생각이 머릿속에 떠오르면 에너지가 생겨. 즐거워."

예산을 짜고 그 한도 내에서 영양, 식감, 계절, 사람들 입맛까지 다양한 경우의 수를 고려해 식단을 정한다. 나는 속으로 중얼거린다. 거봐, 살림은 기획이라니까. 아무리 봐도 기획·관리 능력이 필요한 일이다. 물론 내가 이 말을 하자 하영숙은 손사래를 친다.

"이건 하다 보면 다 하게 되는 일이에요."

숙련이라는 것이 '하다 보면'의 시간 속을 채워 쌓이는 게 아닌가. 그 시간을 채우는 게 어렵고, 잘 채우는 건 더 어렵다. 우리가 숙련자들에게 감화받는 지점은 거기에 있을진대, 사람들은 유독 살림에 박하다.

하영숙은 자신의 기획·관리 능력, 그러니까 남는 음식이 없게 필요한 식재료의 양을 예측하고, 영양소부터 식감까지 고려해 식단을 짜고, 사람들로부터 호평받을 만한 맛을 매일같이 만들어내는 일이 어떻게 가능한지 설명하기 위해 애쓴다. 조리에 관한 지식이 없는 내가 눈만 크게 뜨고 앉아 있다.

그는 자신도 배워 아는 것이라고 했다.

"일을 체계적으로 하는 건 학교에서 배운 거예요."

베테랑의 몸

주산도 잘하고 암산도 잘했는데

급식실에서 일하던 시절 이야기를 꺼낸다. 21년간 매일 같이 1000여 명이나 되는 아이들의 한 끼를 책임져 왔다. "초등학교 저학년생은 쌀을 70그램 먹는대요. 지금 도 그 숫자를 외워요." 매끼마다 80킬로그램짜리 쌀 한 가마니로 밥을 짓는다. 수십 킬로그램의 배추, 오이, 당근도 씻고 다듬는다. 이렇게 수량을 따져 세니 '애들 밥 주는 일'이라고 단순하게 불려왔던 일의 규모가 막연하게나마 짐작되어 막막해진다.

나이 마흔에 급식실로 갔다. 이 막막함을 어떻게 헤쳐갔을까. 그는 비법처럼 말해준다.

"젊어서 했어요."

그때보다 '더' 젊었을 적 그는 일 잘하는 경리 직원이었다. 고등학교에서 회계도 배우고, 부기도 배운 것이 그의 자랑이었다. 1950년대생이다. 또래 친구들이 부모에게 여자애가 무슨 중학교냐고 핀잔을 들을 때, 그는 부산으로 유학을 갔다.

"고향이 경남 창녕인데, 할머니가 깨어 있는 분이었어요. 그 시절에 이미 여자도 공부해야 된다고. 저 국민학교 졸업하고 시골에서 부산으로 유학을 갔죠. 오빠랑 언니도 먼저 가 있었고. 그때는 할머니가 먼 데를 보내니까, 할머니 밉다고 막 울었어요. 지금 생각하면 할

머니가 참 고맙죠."

고등학교를 졸업하고 당당히 취업을 했다. 회계 일을 하고 싶었다. 그런데 '끗발 좋은' 외삼촌 덕분에 원치 않게 비서실에 들어가게 됐다.

"비서실은 얌전히 앉아 있어야 하잖아요. 나는 그게 싫어서. 나는 상고 나와서 주산도 부기도 할 줄 안다, 다른 데 보내달라고 막 그랬어요."

결국 3개월만에 부서를 옮겨 그 후로 8년을 재미있게 다녔다. 그러다가 지금의 남편을 만났다.

"그때는 학교 선생님들 아니곤 결혼하고 직장을 계속 다닐 수가 없었어요."

그 시절엔 교사만이 결혼해도 일을 그만두지 않을 명분이 있었다. 얌전히 앉아 있는 게 싫어 비서직이 싫다고 뛰쳐나왔던 하영숙은 이제 집 안에 머물러야 했다. 살림을 했다. 자녀들을 키웠다. 매끼 식사를 차리고, 수건부터 행주까지 몽땅 삶고, 제사 때면 나물을 일곱 가지씩 무쳐 내고, 계절마다 과일청을 만들며 그렇게 보냈다.

둘째 아이가 3학년이 되자 초등학교에서 급식을 시작했다. 도시락 싸기에서 해방된 것이다. 이때가 기회다 싶어서 그는 직장을 구하기 시작했다.

"나는 주산도 잘하고, 암산도 되고, 테렉스❷도 배

❷   1970년대에 주로 국제전화 대신 사용하던 정보통신 기기.

웠고. 나는 내가 일을 참 잘한다고 생각했어요. 그런데 일을 구하려니 그동안 배웠던 게 소용이 없는 거예요. 다 디지털로 바뀌어서."

10여 년 공백 앞에 자신은 '밥하는 것밖에 모르는 사람'이 되어 있었다. 그때 초등학교 급식실이 눈에 들어왔다. 동네 인근에 임대주택 단지가 들어서자 초등학교도 새로이 문을 열었다. 그곳 급식실에서 조리할 사람을 구하고 있다고 했다.

"그때는 그 직장이 너무너무 험악하다고 다들 못 가게 했어요."

급식실 노동의 열악함은 지금도 이야기되고 있지만, 거의 30년 전이니 말할 것도 없었다. 그럼에도 '좋은 점'이 딱 보였다.

"애들 집에 왔을 때 내가 집에 있는 거예요. 초등학교 끝날 때 나도 퇴근을 하니까. 우리 애들 학교 노는 날 내 직장도 놀고. 딱 좋지 않냐면서 들어갔는데, 힘들더라고요."

1995년, 그 학교 학생 수가 2000명에 달했다. 여기에 교직원들까지.

"이런 큰 고무 다라이(대야)에다가 쌀 40킬로그램씩. 세 번씩. 매번 120킬로그램씩 했나 봐. 밥만 한 40판을 한 것 같아요. 요즘은 쌀이 10킬로그램으로 나눠

온다고 하더라고. 우리 때는 쌀 한 포대도 20킬로였어요. 그걸 번쩍번쩍 들어요. 그때는 다 무거웠어요. 식판도 무거웠어. 식판을 저까지 쌓아놓는 거야. 그걸 다 끌어다가, 세척기가 있긴 했는데, 세척기에 들어가기 전에 애벌 세척을 우리가 다 손으로 해야 돼. 엄청났어요."

점심시간이 되면 2000여 명의 학생들이 밀물 몰려오듯 와서 썰물처럼 사라진다. 시설도 요즘 같지 않았다. 도시가스가 아닌 프로판가스를 썼다. 문제는 겨울이 되면 가스통이 언다는 거.

"그거 얼면 녹을 때까지 집에 못 가게 해요. 녹아야 물을 덥혀서 청소건 설거지건 하니까. 그거 다 하고 가야 해."

남겨진 설거지 더미들 사이에서 팔을 다쳤다. 팔꿈치 근육이 '나간' 것이다. 수술 날짜를 잡아놓았는데, 침술로 고쳐서 수술실 들어가는 일은 피했다는 이야기가 한참 이어진다. 그 끝에 "젊어서 그랬어"가 붙는다. 젊어서 빨리 나았다. 젊어서 덜 다쳤다. 그래서 일할 수 있었다.

애들 밥 주는 일의 실체

"그때 우리 엄마들이 8명이었어."

급식실 동료들을 가리킨다. 일하러 갔더니 살림에

제 나름의 자부심을 지닌 사람들이 모여 있더란다. 그래서 많이들 싸웠다. 저마다 수십 년 살림해온 방식이 있었다. 그러니 급식실은 오이 하나 숨 죽이는 일에도 '네가 옳으냐, 내가 옳다'로 소란스러웠다. 그 소란을 잠재우는 이는 식단을 짜고 조리 과정을 총괄하는 영양사이지만, 영양사와 급식실 조리원들이 부딪칠 때도 종종 있었다. 이쪽은 관련 전공 학과를 졸업하고 자격증을 따서 온 20대이고, 저쪽은 살림이라면 도가 텄다고 생각하는 중년 여성들이다. 살림해본 '경력'이 필요한 순간이 있다. 음식 재료는 생물인지라 날씨를 타고, 철을 타기 때문.

"채소 중에 짠 기를 더 잘 흡수하는 애들이 있어요. 같은 채소라도 철에 따라 흡수 정도가 달라요. 그걸 아는 건 눈대중이에요. 씻겨놓은 상태를 보고 아는 거예요. 얘가 풀이 죽었네. 소금이 더 필요하겠네. 시금치하고 콩나물이 특히 그래요. 짠 기를 많이 품어. 그래서 시금치가 반찬으로 나오는 날은 영양사들과 조리사들이 싸워요."

그럼에도 하영숙은 영양사를 인정했다. 직급에 밀리는 것이 아니다. 저 사람은 나보다 관련 분야를 더 많이 공부한 사람이란 생각이 한 수 접게 한다.

"저 사람은 저 분야의 전문가니까요."

영양사는 매뉴얼대로 오이 3센티미터, 소금 200그램 계산해 조리법을 정한다. 그 기준이 없으면 수십 킬로그램의 쌀과 채소의 양을 가늠할 수가 없다. 식단이 어긋나거나 양을 잘못 계산하기라도 하면, 한 끼 음식이 100리터짜리 드럼통 단위로 버려졌다.

"친환경 급식하고 나니 재료가 좋았어요. 싱싱하고. 그게 버려지면 기분이 별로지. 돈도 돈이지만 환경도 그렇고."

세세한 예측이 가능해야 이런 낭비를 막을 수 있다. 그러니 센티미터와 그램으로 이뤄진 영양사의 잣대가 필요했다. 하영숙도 그걸 어깨너머로 배운 덕에 지금 일하는 곳에선 음식 남는 일이 거의 없다고 했다. 급식실에서 배운 소소한 팁까지 일러준다. 가지 하나는 보통 성인 기준으로 2인분, 오이 하나는 3인분. 그렇게 눈대중으로 인원에 따른 식재료 양을 가늠할 수 있던 것은, 정해진 기준과 과정에 따라 조리하는 일을 반복해 겪었기 때문이다. 눈대중이라 하지만 매뉴얼이 눈에 익은 것이다.

"급식실 20년 동안 훈련이 되었던 것 같아요. 훈련이 참 잘 되어 있어요. 먼저 전처리부와 조리부가 있어요. 우리가 그때 여덟이었으니까. 2000명 음식을 여덟 사람이 담당해야 해. 그럼 딱딱 맞게 움직여야 하는 거야."

↑ 하영숙은 '공간 여성과 일'에서 일을 시작하고 난 이후 장 본 영수증을 모아 가계부를 써왔다. 꼼꼼하고 꾸준한 덕에 어느새 가계부가 두터워졌다.

당시 조리 노동자 8명이 학교 전체의 식사를 너끈히 책임져야 한다. 훈련이라 부를만한 체계와 적응이 없다면 곤란했을 게다.

"전처리부는 채소가 들어오면 딱 분류를 해요. 빨리 요리를 해야 할 것과 천천히 해도 되는 식재료를. 우선 해야 하는 것부터 씻어 소독하고 썰어서 조리부로 보내. 그럼 조리부에서 그걸로 반찬을 만드는 거예요. 조리부랑 전처리부는 일주일 단위로 바꿔요. 조리부 내에서도 사람들을 변경하고. 이 사람이 볶음 요리를 했어. 그러면 다음 주에는 국을 끓인다던가. 한 사람이 사고가 나서 빠져버렸다. 그러면 그 반찬이 펑크가 날 수 있으니까. 돌아가며 훈련을 시키는 거예요."

그렇게 부대끼는 시간이 지나 급식실 사람들과 합이 맞아갔다. 일도 적응되고 그곳에서 체계적인 조리법도 배웠다. 하지만 학교 입장에서 이들은 무엇도 아니었나 보다. 1년에 1명씩 잘려 나갔다.

얼마나 자존심이 상해

"학생이 한 해 지날 때마다 100명씩 줄어드는 거예요."

그때마다 조리사 1명이 잘렸다.

"3년이 지나니까, 해마다 1명씩 그만두라고 하는

거예요. 내가 그 1명에 드나 안 드나, 피가 마르는 거야. 처음에는 일괄적으로 사표를 다 받았어요. 학교에서 사직서를 가지고 있다가 연말에 제비뽑기처럼 1명을 고른대. 내가 지금도 그 말을 잊지를 않아. 얼마나 자존심이 상해."

하영숙이 자존심을 지키는 방법은 버티는 것뿐이었다. "못 쓴다고 버텼어요." 결국 눈 밖에 났다. 다음 해에 퇴사해야 하는 사람으로 그가 지목됐다. 표면적인 이유는 연차가 높다는 것. 줘야 할 퇴직금이 제일 많으니 나가라고 했다.

"내가 안 나간다고 하니까, 나보고 나가면 다른 데 채용해 줄 테니까 거길 가래. 그걸 어떻게 믿냐, 안 된다, 정 그러면 학교장 도장 찍어 약속해달라 했더니 그건 못 한대. 그럼 나도 못 나간다."

8명이던 조리사가 4명이 될 동안, 하영숙은 매번 '모가지'가 올라갔다. 그때마다 가만히 당하고 있을 하영숙이 아니었다. 하지만 언제까지 혼자 버틸 순 없었다. 이런 저런 방도를 찾던 그는 2003년, 전국여성노동조합의 문을 두드린다.

"노조가 여기로 이사 오기 전엔, (서울) 합정이 개발되기 전에 그쪽 언덕배기에 있었어요. 하얀 집 2층. 거길 내가 찾아갔어. 억울하다고. 그때부터 우리 파업도 하고요. 별 거 다 했어요."

정부청사 앞에 가서 천막도 치고 꽹과리도 쳤단다. 나가랬더니 노동조합을 데리고 온 조리사에게 학교는 엄포도 놓고 고발도 했다. 그래도 멈추질 않으니, 결국 교장이 면담을 하자고 했다.

"여자 교장 선생님이었어요. 왜 파업을 하냐고 물어보더라고요. 그래서 내가 교장 선생님은 전문직이고, 나는 나대로 여기서 전문직이다. 그러니까 서로가 각자의 전문 분야 일에 충실한 거니, 탓하지 말고 내가 파업하는 걸 이해해달라고 그랬어요."

혼자라면 못 할 말이었으나 동료들이 믿어주어 할 수 있었다. 이 또한 20년 가까이 된 일이다. 하영숙이 급식실에서 스무 해를 머무는 동안 5명의 교장이 퇴임했다.

"그 학교에서 정년퇴직한 조리사는 내가 처음이었어요."

교장과 교직원들의 축하를 받으며 정년퇴직을 한 일이 그에겐 자부심으로 남았다. 학교에서 현수막을 맞추고 꽃다발까지 준비해준 이야기를 몇 번이고 한다. 그날 찍은 사진에서 하영숙이 얼마나 환하게 웃고 있던지. 그 기쁨을 누릴 새도 없이 내쫓기듯 일터를 나와야 했던 여자들을 떠올리게 하는 웃음이었다. 하지만 그도 많이 울었지. "그때 일을 생각하면…" 하고는 울었다. "지금은 재미난 일만 생각나지" 하면서도 울었다.

"자존심으로 여태 살았어요. 우리 아버지가 가르치길, 우리는 오징어 아니다. 썩어도 준치다. 뼈대가 있다. 자존심을 내려놓는 일은 하지 말래. 그래도 우리 아버지가 하는 말이, 개같이 벌어도 된다. 안 그래도 직장 다니면 자존심 상하는 일이 많잖아요. 그거는 괜찮다. 왜냐하면 내가 여기서 도둑질하는 것 아니고, 정당하게 일해서 보수를 받는 거니까. 그건 자존심 상할 것이 아니다. 내 직종이 지금은 어쩔 수 없이 무시당한다지만, 이 옷 벗으면 사람 다 똑같다, 그렇게 마음먹었지."

찬 바람이 불어오면 이번에는 누가 나가야 하는지 마음 졸이지 않고, 한 해 마무리를 교직원들과 밥 한 끼 먹으며 할 수 있게 된 것은 그저 세월이 흘러서가 아니다. 그가 꿋꿋이 세운 자존심과 애써온 노동이 준 보상이었다.

"흠 잡힐까 봐 일도 더 열심히 해줬어요."

자꾸 자격을 묻기에 일 끝나면 학원으로 가서 조리사 자격증도 땄다. 자녀들이 학교에서 돌아오는 시간에 맞춰 일이 끝난다는 이유로 선택한 직업이 어느새 그에게 주요한 의미가 됐다. 그 일을 지키기 위해 정부 청사 앞 집회장에도 나가고, 노동조합에서 하는 행사도 갔다. 하영숙은 그렇게 사회가 정해준 자리에 머물지 않고, 자기 자리를 찾아 나갔다. 그러는 사이 정년이 지났다.

"아쉽죠. 노조 생기고 우리 처우 개선하라고 진짜 열심히 했거든요. 이제 좋아질 만하니까 그만두어야 할 나이가 됐잖아요."

배에 힘 딱 주고

퇴직 후에도 일을 멈추지 않았다. 고등학교 운동부 선수들 급식을 담당하기도, 유치원에서 원생들 점심 식사를 만들기도 했다. 노동조합과 맺은 연으로, 이곳에서 조리사로 일한 지도 3년째다.

"작년까진 괜찮았는데. 이제 나이 먹는지 살살 힘들어요."

몸이 예전 같지 않다. 급식실에서 일할 때는 20킬로그램짜리 쌀 포대도 번쩍 들어 옮겼다는 그이다.

"배에 힘 딱 주고 들어야지 안 그러면 허리 나가요. 여긴 무거운 것 드는 일이 없어 좋죠."

지금은 20명 남짓의 식사만 책임지면 된다. 그 시절과 다르다. 30여 년 조리사로 살아온 인생이 몸에 어떤 변화를 주었는지 물었더니, 그는 이런 말을 한다. "살이 쪘어요." 힘 쓰는 일이 많으니 음식을 더 챙겨 먹게 되더란다.

"많이 먹게 돼요. 우리 일이 체력이 필요한 일이니까. 먹어야 힘이 날 것 같거든. 그러다 보니 식사량이 야금야금 많아졌어요. 배가 든든해야 힘이 딱 생겨서 무거운 것도 번쩍 들거든요."

작고 호리호리하던 몸은 결혼하고 아이를 낳고 급식실 조리사로 살면서 둥글둥글하게 변했다. 밥 짓는 일도 치열했지만 밥 먹는 일 역시 만만하지 않았다. 급식시간이 끝나면 급식 노동자들의 점심시간이 시작된다. 해야 할 일을 옆에 쌓아두고 점심을 먹으니 마음이 급했다. 언젠가부터 급식실 동료들은 대접에 국을 담고 밥을 말아 먹는 식으로 끼니를 때웠다. "먹고 나가는 시간이 5분밖에 안 걸려요." 다들 소화불량을 안고 살았다.

하영숙은 이번에도 버티는 마음으로 식판에 밥을 놓고 먹는 일을 포기하지 않았다. 그래도 붙는 살은 어쩔 수 없었다고 수줍게 밝힌다. 그는 다소 부끄러워했지만, 나는 그가 조리대와 가스레인지 중간쯤에서 양발을 어깨너비로 벌리고 서 최대한 효율적으로 두 팔을 움직이던 모습을 떠올린다. 딴딴한 뒷모습이 만들어내는 안정감이 있었다. 그런데 체중 증가를 염려해서만 식판에 밥을 담아 먹은 것이 아니라고 했다. 열심히 일한 자신에게 대강 밥을 먹이고 싶지 않았다. 자신에게

주는 어떤 존중이었다.

서서 밥을 먹는 지경이라도, 그와 동료들에겐 아이들이 먹는 음식 만드는 사람들이라는 자부심이 있었다. "소스 하나조차 우리가 다 만들어 썼어요." 재료는 늘 신선했고, 조미료 함량도 최소로 유지했다. 위생도 얼마나 철저한지.

"손톱도 바짝 잘라야 해요. 위생 검사를 하거든요. 지금도 귀걸이 목걸이 안 하는 게 습관이 됐어요. 급식은 애들 먹는 거잖아요. 진짜 청결을 신경을 많이 써요."

수챗구멍에 낀 밥알 하나까지 다 긁어서 버렸다는 말을 들으며 급식실 위생 관리에 대해 새롭게 알게 된다. 자녀도 없는 내가 괜한 믿음이 생긴다. 그렇지만 청결과 위생은 급식 노동자들에게 전가되는 부담이기도 했다.

"급식실에서 일하면 피부가 보들보들해. 학교 다닐 땐 주름도 없었어요."

그가 우스갯소리로 한 말속에 땀이 한가득이다. 피부가 보들해진다. 땀을 계속 흘리니까. 온몸이 촉촉하다 못해 축축하다. 여름에는 땀에 젖어 옷을 일하다가도 한 번씩 갈아입어야 했다. 급식실에선 아무리 더워도 내놓을 수 있는 신체 부위가 눈밖에 없다. 위생모자 밖으로 짧은 머리카락이 삐져나오지 않게 늘 머리도 길렸다고 한다. 독한 청소용품도 문제였다. 산 성질이 강한 약품이 많아 자칫하면 화상을 입는다.

"고무장갑 끼고 토시 끼고 다 하는데. 팔꿈치 접히는, 그 사이로 피부가 살짝 드러나는 곳이 있잖아요. 그리로 청소 약품이 흘러들어 가는 거예요. 그게 독해서 화상을 입혀요."

불은 뜨겁고, 쇠붙이는 딱딱하고, 물은 미끄럽고, 칼은 날카롭다. 상처 나고 삐끗한다. 증기 빠져나가는 소리가 귀를 때리고(난청), 급히 먹는 밥은 탈이 나게 하고(위장병), 급식실에서 사용하는 가스는 폐 질환을 유발한다.

"우리 땐 밥을 다 증기로 쪘는데, 시설이 좋아지면서 그게 가스로 바뀌었어요. 우리 동료도 병원에 갔는데, 폐에 하얗게 조그맣게 뭐가 있다는 거야. 일을 그만두니까 사라졌다고 하던가, 그랬더라고요."

이 모든 질환을 하영숙은 운 좋게 피해갔다고 했다. 날 때부터 소화 기관이 튼튼해서, 운동을 좋아해서, 실력 좋은 침술 선생을 만나서, 이 모든 행운 덕에 30여 년 조리사로 살아갈 수 있었다고 했다. 이런 행운과 애씀, 강한 자존심과 성실한 노동이 겹쳐 그가 지금 내 앞에 '베테랑'이란 이름으로 있는 것일 테다.

"베테랑은,

자존심 지키며 일하는 사람."

이렇게 산 게 참 고맙다

하영숙은 이런 말을 했다.

"싸우면서 배운다."

서로 다른 방식으로 살림을 해온 동료들에게 노하우를 배우고, 공부 많이 한 영양사에게 일의 순서와 체계를 배웠단다. 여전히 배움은 끝나지 않는다. 정년 후 그가 찾아간 곳도 중식·양식 자격증 학원이다. "우리 손주 어린이집 식단표도 맨날 봐요." 식단을 짜는 데 아이디어를 얻으려는 게다. 식당에 가서 반찬 하나하나 유심히 보는 일은 이제 습관이 되어 버렸다.

"김치를 30년 넘게 담갔어도 매년 넣는 재료가 조금씩 달라져요. 계속해보는 거예요. 뭐가 더 입맛에 잘 맞나."

요즘 고민은, 채식이란다. 비건을 지향하는 사람들이 늘어나고 있다. 육수나 고기 재료를 많이 쓰는 기존의 밥상을 탈피해 어떻게 사람들 입맛에 맞는 식단을 만들 것인가. "자신이 하는 일을 막힘없이 어려움 없이 해내갈 수 있는" 것을 베테랑의 태도로 꼽던 하영숙에게 새로이 주어진 과제다. 역시 배움은 끝이 없다.

그렇게 갈고 닦으면서도 그는 베테랑이라는 단어만 나오면 손부터 내젓기 바빴다. 음식 솜씨에 관한 자부심을 숨기진 못했지만, 그것이 실력으로 이야기되면 저만치 도망을 간다. 그런 그를 붙잡고 나는 연신 "그게 기술이죠" 한다. 베테랑이네 아니네, 한참의 실랑이 끝에 하영숙은 이 말을 했다.

"그래도 내가 참 잘 살았구나 싶네요. 이 일 하나만 파기를 참 잘했다. 식당에 가면 셰프나 조리사에게 별점을 주고, 맛집을 선정하잖아요. 그런 게 아니라도, 나를 이렇게 알아주는 사람이 있구나. 이렇게 산 게 참 고맙네요."

인터뷰 후기
<u>살림은 기획이다</u>

하영숙. 그는 50년대생 경력 단절 여성이었다. "그때는 선생님 아니고선 여자는 결혼하면 다 그만두어야 했어요." 교사만이 결혼하고도 일을 할 수 있는 명분을 가질 수 있었다. 부기도 주산도 잘했는데. 십수 년이 지나 다시 일을 구하려니 주산도 부기도 필요 없는 세상이 되어 있었다. 그럼에도 그가 일을 구할 수 있었던 것은, 여전히 요리와 빨래와 청소는 여자 일이라고 믿는 세상 덕분이었다.

당시 취재 작업을 막 시작한 나는 베테랑을 찾고 있었다. 주변에 막무가내로 일을 오래 하고, 잘하고, 멋지게 하는 사람이 없느냐고 묻고 다니던 때였다. 그때 누군가 말을 꺼냈다.

"우리 사무실에 20년 넘게 요리를 해오신 분이 있는데."

그의 음식 솜씨를 자랑하는 이야기가 한동안 이어졌다. 그렇구나. 웃으며 호응했지만 속으로는 망설였다. 요리라니. 식당을 운영하는 자영업자들의 음식에 관한 집념과 노력은 어딘가 많이 들어본 이야기였다. 같은 이야기를 하고 싶진 않았다. 그런데 하영숙은 식당이 아닌 급식실에서 오래 일한 사람이라고 했다. 마음이 움직였다. 급식실에서 일하면서 '베테랑'이라 불리는 사람을 본 적 없었기 때문이다.

사람을 무슨 다 쓴 건전지처럼 갈아 끼우는 학교(와 교직원들)의 행태를 보고 화를 내는 사람들조차, 급식실에서 밥을 짓고 채소를 다듬는 일이 어떤 대단한 기술과 숙련을 갖췄을 것이라 생각하지 않는다. 나 역시 생각해 본 적이 없다. 아니다. 없던 것은 생각이 아니라 언어였다.

어디선가 이런 말을 들었다. 살림은 기획이다. 연신 고개를 주억거리며 들은 기억이 있다. 간지러운 곳을 긁어주는 문장이었다. 내가 지금 집에서 하고 있는 것이 '살림'의 수준이냐고 묻는다면 자신은 없지만, 내 나름 규모의 기획 사업을 펼치고 있다. 아침 일찍 나가 밤늦게 들어오는 일정이 이어지는 날, 세탁기 예약 버튼을 누르며 생각한다. 이웃이 피해가 되지 않는 시간이면서 세탁기 작동이 멈춘 후 집에 온 내가 세탁기 문을 열 때까지의 시간차가 크지 않는, 그 시간은 지금으로부터 몇 시간 뒤인가. 세탁기 버튼을 누르는 데도 이런 계산이 들어간다.

냉장고와 싱크대 찬장 속에 어떤 식품이 있는지 파악해야 하고, 종량제 쓰레기봉투가 몇 장 남았는지를 기억해두어야 하며, 화장실 청소는 언제 했는지 떠올려야 한다. 이 사사롭고 잡스러워 보이는 일들이 수십 개 수백 개 합쳐져 살림이 된다. 그런데도 살림은 너무 쉬운 일로 치부된다.

그렇지만 이에 대한 반박으로, '살림이 얼마나 힘든 일인데. 살림이 얼마나 귀한 일인데' 이런 말은 하고 싶지 않았다. 살림이 기획과 관리의 영역이며 단순히 손에 익는 것이 아니라 차근차근 기술과 실력을 쌓아 올려 능숙해지는 일임을 말하고 싶은 욕심은 가득한데, 살림도 기획이 필요한 일이라는 것을 세상에 납득 시킬만한 언어가 없었다.

그래서 하영숙을 만나고 싶었다. 살림을 하다가 급식실로 갔다. 이 사회가 암묵적으로 '그곳에 기술이 없다'고 말하는 곳들을 거쳤다. 그 공간에서 자기만의 실력을 갖추어온 사람을 만나면, 나도 꾸리고 먹이고 이루며 살아가는 일이라는 살림에 관한 언어를 얻을 수 있을까 싶었다. 조리사라는 직업이 살림의 연속으로 읽히는 것을 걱정하는 동시에 '바깥일' 조리와 '집안일' 살림이 딱 잘라 구분되지 않길 바라며, 모호한 기준과 혼란을 이고 하영숙을 만나러 갔다.

그래서 결론은, 글에서 본 대로다. 명징한 답은 구하지 못했지만, 나는 하영숙이 대화 마지막에 "이렇게 산 게 참 고맙다"라고 한 순간 그만 그를 좋아해 버렸다. 인터뷰를 해줘서 고맙다는 숱한 말보다, 이렇게 한길로 살아온 자기 자신에게 고맙다는 그 말이 좋았다. 한 사람이 한길로 살아온 여정을 좇으며 건전지가 아닌 사람의 존엄을 본다. 수모와 존엄 사이에서 단련되고 쌓여가는 숙련의 질감을 더듬었다. 마치 그것은 하영숙처럼 말랑하고 따스하며 딴딴했다.

로프공

김영탁

"선수들은 옥상에서
표정이 달라요"

들어가며

마흔다섯의 김영탁에게 당연한 것을 물었다.

"무섭지 않았나요?"

그는 일명 로프공. 로프를 이용한 고소 작업자를 가리킨다. 도심 속 빌딩이건 외딴섬 등대건, 유리창을 닦건 도색을 하건, 하는 일은 달라도 공중에 매달린 줄 하나에 의지한다는 점에서 자신을 로프공이라 여기는 사람들이다. 그가 이 일을 처음 배운 것은 스물일곱 살 때.

"처음에는 무서워서 잠도 못 자고 그랬죠. 그래도 자존심이 있지. 도망가기엔 창피한 거예요. 오기로 버텼죠."

많이들 중도 포기한다고 했다.

"도망 많이 가요. 이게 레저로 하는 거랑은 좀 달라서, 아래에서부터 올라가는 게 아니잖아요. 높이 적응 없이 옥상에서 시작해 바로 내려가는 거니까. 그 공포를 이겨내지 못하는 사람이 많아요. 저도 지금 배우라면 못했을 것 같아요. 그때는 겁이 없었던 것 같아요."

지금은? "저는 줄 탈 때가 제일 편해요." 그가 이 말을 한 것은, 14층 건물에서 겅중겅중 뛰듯 줄을 타고 내려온 직후. 벽을 발로 탁탁 밀쳐내듯 차서 그 반동으로 줄을 내린다.

이건 절대 안 끊어진다

도심 한복판이나 아파트 단지에서 건물 벽면에 매달려 작업을 하는 사람을 볼 일이 있다. 저 높은 곳에서 대단하네. 몇 초 올려다보다가 지나친다. 김영탁이 지상에 발을 딛기 전, 그가 일하는 모습을 지켜보며 이렇게나 오래 로프공이 일하는 모습을 본 적이 있나, 생각한다. 엉덩이를 작은 안장에 걸친 채 벽에 두 발을 붙이고 선 듯한 자세다. 그 상태로 좌우를 오간다. 허리랑 다리로 버티는 건가. 이건 아무것도 모르는 내 시선일 뿐. 그가 안장 위에서 하는 것은 힘을 분산시키는 일.

"초보랑 일 좀 하는 사람의 차이가 뭐냐면, 베테랑은 로프 타는 데 힘을 쓰지 않고 오로지 일할 때만 힘을 쓴다는 거예요. 초보는 줄을 타는 데 힘이 다 들어가요. 등이 뻣뻣하고 배에 힘이 들어가고. 경직돼 있어요."

팔에 들어가야 할 힘이 긴장해서 배로 가면 안 된다. 그의 일은 실리콘 보수 작업. 외벽 창틀에 붙은 실리콘은 생각보다 단단하다. 오랜 시간 비바람에 노출된 탓에 어떤 것은 돌덩이 같다. 힘을 꽉 주고 한 번에 칼로 그어 잘라내야 한다. 팔에 쥐가 날 정도다. 어깨 통증은 고질병이다. 발을 땅에 딛고 하는 작업이 아니다. 잡을 곳도 마땅치 않다. 힘의 반동을 온전히 내 몸이 감당해야 한다. 그러니 불필요한 힘을 빼야 한다. 긴장해선 안 된다. 그게 자기 마음대로 되나?

"확신이 생기면 되는 거죠. 이건 절대 안 끊어진다."

이 말을 이해한 건 건물 옥상에 오르고서다. 그를 따라간 옥상에는 색색의 로프가 여기저기 묶여 있었다. 구조물을 기둥 삼아 반듯하게 삼각형 모양을 한 것도 있고 엉킨 듯 동선이 복잡한 로프도 있었다. 무엇이건 초보자가 보기에도 단단하게 매듭지어져 있다.

김영탁은 옥상 난간을 넘고 지붕을 올라타 로프를 수거했다. 어떤 곳은 난간조차 없이 낭떠러지다. 거기서서 단단하게 묶인 매듭을 풀고 줄을 모은다. 나는 그 모습을 보는 것만으로 조마조마한데 그는 "오늘 날이 참 맑네요"란다. 그의 등 뒤로 펼쳐진 하늘이 푸르다 못해 하얗다.

보이는 끈마다 묶어가며

"대학을 졸업했는데, 직장 다녀봐도 재미없을 것 같고. 내 거를 해야겠다. 그런데 돈은 없는 거예요. 찾아보니 청소 업체는 돈 없이 차릴 수 있다고 하더라고요. 바로 사업자등록을 했죠. 등록은 했는데 막막한 거예요."

무작정 인터넷에서 건물 청소하는 사람들을 찾

베테랑의 몸

↑ 로프를 거둬들이는 김영탁. 작업의 시작과 끝마다 그는 건물 구조물과 몸에 각종 장비를 묶었다 푼다.

로프공 김영탁

았다.

"연락했더니 저보고 젊으니까 줄을 한번 타보는 게 어떻겠느냐는 거예요. 외벽 청소하는 일이 단가도 좋고 괜찮다고. 배워두면 좋겠다 싶어서 했는데 그게 지금까지 이어졌네요."

그렇게 하늘에서 일하게 됐다. 일을 가르쳐주는 선배들이 대전에 있었다. 당시 그는 의정부에 살았는데 일 배우겠다는 마음 하나로 연고도 없는 대전까지 와서 먹고 자며 3개월 동안 일을 배웠다. 몇 년 정도 일해야 '로프 좀 탄다'는 소리를 듣느냐 물었더니 "3년은 타야 초보 소리 안 듣죠" 한다. 정작 자신은 걸음마 뗄 때 독립했다.

"처음부터 일 가르쳐주는 형들한테 이야기했어요. 나는 사업자등록을 했다. 나는 직원으로 있을 생각이 없다. 직장 생활 할 거였으면 회사에 취직했죠. 3개월 뒤에 나갔어요."

'사장'이 되고 싶었다. 독립하겠다고 큰소리를 친 후에 매일같이 인터넷 검색을 하고 책을 찾아보며 청소 약품과 도구의 기능을 외웠다. 시간이 날 때마다 매듭 연습을 했다. 끈만 보면 묶었다. 테이프만 보이면 붙이고, 벽만 보이면 닦아보고, 몇 년 뒤 실리콘(을 이용한) 창틀 보수로 주 업종을 바꿨을 때도 모서리만 보면 실리콘을 쐈다.

"집에 실리콘 냄새가 진동해요."

그는 웃으며 말했지만 나는 실리콘 독성을 떠올렸다. 하지만 더 위험한 말이 기다리고 있었다.

"그런데 실전만 한 게 없어요. 현장에서 일을 배우면 초집중 상태라 일이 몸에 달라붙어요. 한 번을 해도 내 것이 되는 거죠."

몸에 힘을 적절하게 배분해 균형을 잡는 감각은 하늘 위에서만 가능하다. 그러니 최고의 훈련이 된다. 그렇지만 안전은? 목숨은 하나인데.

"남들 봤을 때는 거칠게 일하는 것 같지만 그래도 줄 타는 선수끼리는 '내 안전은 내가 지키는 거다'가 있거든요."

매듭 묶는 것만 봐도 이 사람이 줄 좀 타는구나, 알 수 있다고 했다. 심지어 얼굴만 봐도 안다.

"줄 타는 사람끼리는 딱 보면 알아요. 안 매달려 있어도 진짜 얼굴만 봐도 알아요. 줄을 얼마나 타겠구나. 선수들은 옥상에서 표정이 달라요. 불안함이 없는 거죠."

오랜 경험이 확신을 만들고, 확신은 표정이 된다. 옥상은 평평할 거라는 예상과 달리 구조물이 꽤 많다. 솟아오르고, 튀어나오고, 기울어지고. 생각보다 표면이

베테랑의 몸

거친 곳도 있다.

"이런 데 로프가 다 쓸려요. 돌출된 면에 줄이 쓸리면서 끊어질 수 있고. 위험하죠. 또 고정물이라 생각해서 묶었는데 생각보다 약할 수도 있고. 기둥이라든지 로프 걸 곳이 아예 없는 옥상도 있어요. 그러면 앙카(볼트)를 박아야 해요. 그걸 어디에 박을지, 그런 판단이 다 경험이죠. 건물마다 지형이 다르니까. 3년 정도 해야 눈에 보여요. 구조물을 어떻게 이용해야 한다, 이런 게."

3년을 보낸다고 저절로 보이는 게 아니다.

"일을 들어가기 전에 몇 바퀴를 혼자서 건물을 돌아요. 여기서부터 시작하는 게 맞을까. 줄을 어디다 내리면 좋을까. 저기 지형이 저런데, 바람막이할 곳이 없으니까 바람이 불면 로프가 어떻게 될까."

청소 일을 할 때는 스펀지 개수까지 머리에 집어넣고 건물로 향했다. 이 모든 준비와 시뮬레이션에 있어 가장 필요한 것은 경험. 현장에는 수많은 경우의 수가 있다. 겪지 않으면 모르는 일이다. 숱한 경험을 몸에 붙여놓았다. 그러니 자신을 믿는다.

청소가 더 단가가 낮은 이유

매듭을 풀어 옥상으로 끌어온 줄이 꽤 길다. 김영탁은 줄을 짧게 잡고 원을 그리듯 팔을 움직인다. 그때마다 로프가 그의 목에 얹힌다. 목에 충격이 가해질 텐데. 저거 근골격계, 라고 생각하는데 어느새 긴 로프는 포개져 타래가 되어 있다. 일손을 거든다고 한 덩어리 받아 들었는데, 무겁다. "이거 (지름) 11밀리미터라 가벼운 편인데…." 로프만 무겁나. 몸에 주렁주렁 찬 모든 것이 쇠붙이다. 쇠에 부딪혀 몸 곳곳이 아프진 않을까? 그런 '사소한' 걱정을 하기에 그의 일터는 너무 높다.

"전신 벨트(하네스) 가운데 있는 쇳덩이, 이게 디(D)링인데 여기에 모든 무게가 실리고. 이건 아삽락(추락 방지 장비). 요 톱니가 있어서 원줄(메인 로프)이 끊어져도 쑥 내려가지 않고, 착착착, 속도를 줄여 떨어질 수 있죠."

경험과 믿음만으로 안전할 수는 없다. 보조장치가 필요하다. "이건 똥판, 아니 안장." 달비계, 젠다이라고도 부른다. 안장과 로프는 틈틈이 상태를 확인해야 한다. 삭아서 끊어지면 추락이다.

"칼, 실리콘, 이런 것마다 안전고리를 다 걸어야 하거든요, 원칙상. 사람이라도 지나갈 때 떨어지면 큰일이니까. 그런데 그러면 너무 많아져서."

보조장치가 동선을 해쳐 오히려 안전에 방해가 될 때가 있다고 했다. 일의 특성상 비를 맞기도 거센 바람에 휘청거리기도 한다. 하늘에서 천둥 번개가 칠 때는,

베테랑의 몸

안타깝게도 공중에서 쇠붙이를 몸에 달고 있다.

"저도 옛날에 시청 꼭대기에서 번개 맞을 뻔한 적이 있었어요. 그래도 다행히 그때 번개가 옆에 있는 피뢰침에 떨어졌는데, 그래도 이건 아주 가끔 있는 일이죠."

공중에서는 그 자신이 어찌할 수 없는 것투성이다. 유일하게 자신이 책임질 수 있는 것이 안전 장비다. 개인 장비로만 안전을 지키려고 하니 작업자들 짐만 무거워진다. 공사 현장 풍경이 생각나 그물망 설치에 관해 물으니, "어떤 건물주가 허락해주겠어요?" 한다. 그는 현실을 이야기한다. 하루 작업량에 따라 버는 돈이 달라진다. 비가 오면 맞으며 일하고, 벌이 날아오면 쏘이며 일한다. 쏘였다고 줄 타고 내려와 약 바르고 다시 올라가는 작업자는 없다. "침 발라야죠." 아파하며 일한다. 화장실 가는 일도 참아야 하는 하늘 위다. 그런 시간 싸움 앞에 건물 관리자와 협의해 안전장치를 설치하는 일이 들어갈 틈은 없다. 애초에 그런 것을 고려해서 만들어진 건물들도 아니다. 그물망 하나 걸 고리가 없다.

그가 일하는 모습을 찍어 유튜브에 올려둔 영상을 본 적이 있다. 카메라가 옥상에서 지상을 비춘다. 아찔하다.

"저희 로프공이 타는 건 일하려고 타는 줄이라서

경찰대원이나 소방대원들이 타는 것처럼 멋지게 하강해서 사람 구조하고 창문 깨서 쑥 들어가고 그게 아닙니다. 저희는 항상 조심스럽게⋯."❶

영상 속 그가 말한다.

"가장 조심해야 하는 건 방충망이에요."❷

하강할 때 그는 성큼성큼 멋지게 발로 벽을 짚으며 내려왔지만, 나의 감탄과 무관하게 그가 한 생각은 이것. 창문이랑 방충망을 차면 안 되는데. "방충망 잘못 밟으면 저희가 다 물어줘야 하는 거예요." 몇 년 전 아파트 주민이 줄을 끊어버려 로프공이 추락사한 사건이 있었다. 잠을 방해했다는 이유였다. 로프공은 홀로 몇 시간을 허공에서 일한다. 고즈넉하지만 외롭다. 라디오나 음악을 많이 듣는다. 그 라디오 소리가 죽어야 하는 이유가 됐을까. 그도 주민 항의를 종종 받는다.

"'고생 많습니다' '조심하세요' 이런 인사는 남의 건물 할 때나 하는 이야기고요. 일하다 보면 아래에서 막 불러요. '우리 집 방충망 밟지 마세요' '실리콘 떨어지게 하지 마세요' 화를 막 내는 거죠."

아래층 사람들이야 당연한 요구라 생각하겠지만 끈에 매달린 채 하는 작업이다. 예상한 동선에서 벗어나면 사고가 생긴다. 자칫 보지 못한 돌출 부위에 로프

❶ 　스마트풍경, "고공 로프공의 줄타는 모습", 유튜브 영상, 2021.09.14, https://www.youtube.com/watch?v=XUxQBh0XKcc&t=2s
❷ 　위의 영상.

로프공 김영탁

가 쏠리기도 한다. '내 안전은 내가 지키는 것.' 이 말에는 자신의 안전이 타인의 관심 영역이 아니라는 씁쓸한 인식도 들어 있다.

그가 옆에 끼고 일하는 가방이 있다. 검정 가방인데 하얀 실리콘액이 잔뜩 묻어 원래의 색을 알아보지 못할 정도다. 만져보니 가죽이 딴딴하다. "튼튼하죠?" 처음 일할 때부터 가지고 다닌 가방이라고 했다. 인상에 남은 것은 가방이 아니라, 그의 말투에서 드러난 뿌듯함이었다. 수많은 시간을 일터에서 보내며 단단해진 가죽이다. 마치 그 자신처럼. 하지만 사람들 눈에 보이는 것은 덕지덕지 묻은 실리콘. 낡은 가방과 얼룩덜룩한 작업복에서 오랜 시간 쌓아 올린 숙련을 읽어내는 사람은 별로 없다.

외벽 청소와 실리콘 보수 작업을 둘 다 해본 그이기에, 두 직종을 비교한다. 솔직히 말해 청소가 더 많은 기술을 필요로 한다고 했다. 건물 벽면 재질에 따라 사용해야 하는 약품과 도구가 다르다. 건물 전체를 작업해야 하기에 일도 더 고되다. 한 사람이 할 수 없는 일이기에 팀으로 작업이 이뤄지는데, 팀원들과 속도를 맞춰야 하기에 손이 느린 사람은 바로 티가 난다.

"오전에 내려갈 때 오늘은 몇 줄을 타자, 어디까지 하자 약속을 해요. 그래서 '3시 반에 시마이(마무리) 합시다' 그러면 하늘이 무너져도 그 몇 줄을 타야 하는 거예요. 그러면 옥상에 짐 올리는 순간부터 마음이 바빠져요. 마음이 바쁘면 육체적으로 힘들어요."

마음이 급하니 사고가 날 가능성도 커진다. 게다가 청소 용품 대다수가 산 성질이다. "예전엔 불산 그런 것도 많이 썼어요." 자칫 잘못하면 살이 타 들어간다. 희석해서 쓴다고 하지만 눈에 안 들어가길 바랄 뿐이다. 때론 산성 세제가 묻은 줄이 빠르게 삭아 위험한 순간을 맞기도 한다.

"그런데도 청소 단가가 더 낮아요."

이유는, 청소니까.

"청소 일은 단순하다는 편견 때문이죠. 아무리 해도 단가를 못 올려요."

그가 실리콘 보수로 일을 옮긴 이유이기도 하다.

천천히 하자는 마음으로

세상의 시선이 어떠하든, 그는 이 일을 허투루 여긴 적 없다. 로프공을 위한 전문 교육도 없는 현실에서 그의 배움은 늘 분투였다. 더 안전한 로프를 찾다가, 로프엑세스(자일로프) 교육를 따로 이수했다. 십여 년 전의 일이다. 안전성으로 치면 보조 로프에 고소작업용 의자까지 착용하는 자일로프가 월등하지만, 당시에는 속도가 나지 않고 비싸다는 이유로 현장에서 사용하질 않았다. 지금은 일명 한 줄타기라 하는 PP로프가 아닌 자일로프로 작업하는 이들이 많아지는 추세라고 한다.

하지만 자일로프는 등반이나 구조 목적으로 사용되었기에, 일터에서 이를 접목하는 것은 온전히 김영탁의 몫이었다. 익숙하지 않은 감각을 지상 수십 미터 위에서 느끼며 이런저런 시행착오를 거쳤다. 자신이 직접 몸으로 부딪쳐 배우는 수밖에 없었다. 실리콘 보수로 업을 옮길 때도 그랬다.

"주변에 실리콘 보수 일을 하는 사람이 없는 거예요. 인터넷으로 사람을 막 찾았어요. 보고 제일 기술이 좋은 것 같은 사람에게 무턱대고 연락을 드렸죠. 전화를 해서 나 외벽 청소 하는 사람인데 실리콘 좀 배우고 싶다, 그랬더니 그분이 그러는 거예요. '일을 잡으세요. 그러면 가서 가르쳐 드리겠습니다.'"

실리콘 보수 일을 받아오면 그 일을 하면서 기술을 가르쳐준다는 거였다. 처음엔 당황스러웠다. "나는 실리콘을 하나도 몰라서 일을 배우려 하는 건데. 어떻게 일을 잡지?" 세상에 쉽게 배울 수 있는 일은 하나도 없었다. 그렇지만 그가 누구인가. 일을 하나 '물어 왔다'. 그랬더니 그 사장님은 하루 일당만 수업료로 가져갔단다.

"독특한 분이었어요. 많게는 수백만 원도 수업료로 부르거든요."

지상에서 하는 일보다 인건비가 세다. 그러니 배우려는 사람이 많고 가르치는 사람들은 목이 뻣뻣하다고 했다. 몇십만 원짜리 일당을 며칠씩 포기하고 가르치는 수업이기도 하다. 독특하고 소박한 선생님을 만났지만 김영탁에게 주어진 시간은 단 하루뿐이었다. 그는 빌려온 화질 좋은 큰 카메라를 손에 쥐고 줄을 타고 내려갔다. 선생님이 일하는 모습을 몇십 초 단위로 찍었다. 그렇게 수백 장이 나온 사진을 집에 가서 순서대로 펼쳐 놓고 보고 또 봤다. 집에 실리콘 냄새가 진동했다는 것은 이미 이야기한 내용. 그래서 지금은, 작업자가 칼질하는 것만 봐도 안단다. 저 사람 실리콘 보수 기술이 어느 정도인지.

"일을 못하는 사람은 실리콘을 자꾸 끊어 먹어요."

이 또한 앞서 말한 부분인데, 공중에서 힘 조절을 못 하기 때문이다. 실리콘이 지닌 속성도 이해하지 못했다. 이 일에 중요한 덕목 중 하나는 꼼꼼함. 실리콘 창틀 보수로 일을 바꾼 이후 그는 거의 혼자 일한다. 팀 작업에서 벗어나고 싶어 선택한 것이지만, 공중에 매달리면 혼자만의 싸움이 시작된다.

"일하다 보면 빨라지잖아요. 속도를 내다보면 미친

듯이 심장이 뛰어요. 바쁘고 정신이 팔려 있으면 내 의도가 아니어도 속도가 막 나는 거예요."

혼자 일하기에 간섭할 사람이 없다는 장점이 있지만, 동시에 모든 것을 자신이 제어해야 한다. 속도마저도. 그럴 때는 심호흡한다. "속으로 천천히 하자고 말해요. 집에 빨리 가봐야 할 것 없다." 사고를 염려해서 속도를 늦추는 것만은 아니다. 빠르게 한다는 건 대충 한다는 말과 같다. 보는 사람이 없으니 대충 하고 싶은 유혹에 빠지기도 쉽다. 실리콘을 덧바르는 게 전부가 아니다. 그 전에 실리콘이 잘 접착될 수 있는 바탕 면을 만드는 것이 필요하다.

"페인트 위에 실리콘을 대충 올리면 페인트 떨어질 때 실리콘도 같이 떨어진단 말이에요."

외벽에서 진행되는 작업이다. 그러니 대충 한 흔적이 발견하는 것은 적어도 6개월 후. 이 집 공사 한 번만 할 생각으로 일하는 사람들도 적지 않았다. 그런 사람이 되지 않으려 스스로를 다잡는 것은 숙련자의 자부심이기도 하지만, 자기 사업체를 쥐고 있는 이의 책임감이기도 했다. 3개월짜리 신입이 독립해서 사장님이 됐을 때, 막막했던 것은 하늘 위에서만이 아니다. 고객을 확보할 수 있을까.

"이게 줄만 탄다고 되는 일이 아니니까요."

사람을 모으고, 영업을 하고, 단골을 만들고, 자영업자의 고충이 나온다. 이것도 20년 가까이 된 이야기.

"옛날에는 진짜 너무 진지했죠. 잘해야 한다, 실패하면 안 된다, 완벽하게 해야 한다, 이 일에 인생 걸었다. 지금은 진지하게 보이진 않잖아요?"

마음이 조금은 너그러워졌다고 한다. 무서울 것 없던 패기는 어느새 조심성으로 변했다. "원래 모르면 더 겁이 없잖아요. 어설프게 알 때가 제일 무서운 때죠." 자신이 앞으로도 평생 로프공으로 살아갈 것이라는 확신이 들었을 때 팔에 로프공 형상을 한 타투를 새겼다. 7년 전이었다. 손바닥 한 뼘만 한 크기의 타투를 보면, 아니 타투의 배경이 되는 짙게 그을린 피부와 아물어 흔적만 남은 흉터들을 보면, 누구든 이 사람이 줄 타는 일에 진심임을 눈치채게 된다. 지금은 진지하지 않다고 했나? 그럴 리가. 일 이야기 할 때 눈이 반짝인다.

그래도 세월은 흘러. 혈기 왕성한 청년은 이제 '아프면 안 된다'를 머릿속에 각인하는 자영업자가 되었다. 업무 외엔 힘이 들어가는 일을 하지 않는다고 했다. 몸 쓰는 취미도 없앴다. 등산이나 암벽 등반 같은 운동은 당연히 안 한다. 근육을 잘 못 써서 아프면 일을 못 하니까. 고객들과 약속된 날이 일정표에 가득하다.

"성실하지 않으면 선수 못 하죠. 자영업도 못 해요."

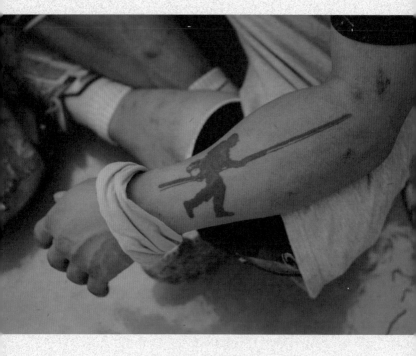

"베테랑은,

내 안전 내가 지키는 사람."

베테랑의 몸

법에 우리는 없어요

고소 작업의 특성상, 기술과 숙련을 묻는 사이사이 안전을 생각했다. 이 글을 쓰는 동안 50대 로프공의 추락사 소식을 들었다. 고용노동부는 중대재해처벌법 위반 여부를 조사한다고 했다. 사람은 이미 죽었는데.

보조 로프 사용, 전신 안전벨트 착용, 2인 1조 작업, 안전그물망 설치 등 의무화. 추락이 곧 죽음이 아닐 수 있는 대책이지만 법에 적힌 바 없다. 실제 산업안전보건법에는 고소 로프 작업(일명 달비계 작업)에 관한 세부 규정이 없다.

"법에 우리는 없어요. 한국에서 로프공은 법적으로 자격증이 필요 없는 직종이라. 안전 교육도 따로 없죠."

르포공이라 불리는 고소 작업 업종이 통합적으로 관리되지 않는다. 이들의 직업을 편의상 나누면 청소, 보수, 전기, 그리고 일용직, 자영업자. 법이 닿지 않는 곳이 있다. 중대재해처벌법 등 산업안전에 관한 법이 어렵게 보완되어 가지만, 그 법의 효력이 미치지 못하는 귀퉁이는 너무 많다. 한국 사회야말로, 김영탁이 오른 옥상 지붕처럼 울퉁불퉁하다.

"로프 탈 때가 제일 좋아요. 걸리적거리는 게 없어요. 그래서 알았죠. 나는 로프공이구나."

왜 자기 일을 좋아하는 사람이 죽음을 염두에 두

며 일해야 할까.

"늘 추락을 머리에 넣고 다니죠. 또 그렇지만 생각 안 해요. 안 죽을 거니까. 돈 벌려고 하지, 죽으려고 하는 건 아니니까."

그렇다. 일은 좋아서 하고, 인정받고 싶어 하고, 잘 살고 싶어 한다. 이 성실하고 재주 많은 로프공이 '내 안전은 내가 지키는 것'을 베테랑의 덕목으로 여기지 않는 세상을 바란다.

베테랑의 몸

인터뷰 후기
목숨이 하나임을 제대로 알기까지

"놀이기구 잘 타시죠?"

그는 아니라고 했다. 고공에서 일하니 거뜬할 것 같았는데.

"너무 시시해서요?"

"아니요. 무서워서요."

높게는 100미터가 넘는 구조물도 오른다. 방금 전까지 풍력발전기에서 일한 이야기를 들은 참이다. 일자 사다리를 90미터쯤 기어 올라가야 줄 내릴 곳이 나오는 설비이다.

"대관령에 있는 발전기가 60미터고, 영덕에 있는 게 90미터거든요. 엄청 높은 건축물에 비해선 그리 높은 편도 아니에요. 그런데 거기는 바람이 많이 부는 곳이잖아요. 그 공포감이. 태풍을 갑자기 맞으면 탁 숨이 막힐 때가 있죠? 그 위에서 바람을 맞으면 그래요."

그곳에서는 바람이 세게 분다 싶으면 바로 하강해야 한다. 그런 곳인 줄 알면서도 꼭 한번 매달려 보고 싶었다고 했다. 굳이 왜?

"히말라야산맥을 오르고 싶어 하는 사람들이 있잖아요. 그런 거 아닐까요?"

풍력발전기 세척을 3년 정도 했다. 날개에 매달려 있으면, 동해에서 밀려온 해무가 사방을 감싼다. "안개가 온몸을 휘감을 때 그 소름이 돋을 것 같은 차가움, 그건 아무나 경험 못하는 일이잖아요." 그래서 매달린다. 그런 사람이 놀이기구는 무섭다니.

"그 기구 위에선 안전을 내가 통제할 수 없으니까요."

나의 안전을 내가 통제할 수 있다는 믿음. 그 말이 허황하게만 들리지 않은 것은 나 또한 그가 지키려는 '안전'을 보고 그를 만났기 때문이었다. 요즘은 다양한 직업군들이 자신의 일상을 영상으로 찍어 올리는지라, 여러 고소 작업자들이 로프에 매달려 일하는 모습을 볼 수 있었다. 김영탁은 그 영상 속에서 안전장치를 두루 갖춘 몇 안 되는 작업자였다.

로프 타는 일을 두고 흔히 '줄 하나에 매달린다'고 하지만, 정말 한 줄만 내리면 안 된다. 보조 로프가 없으면 메인 로프가 끊어졌을 때의 일을 감당할 수 없다. 추락 방지대, 보호 덮개, 견인줄 등 보조 도구가 필요하다.

하지만 영상 속에는 안전모를 쓰지 않거나, 밑창이 미끄러운 장화를 신고 일하는 사람들도 있었다. 미끌려 철퍼덕 넘어지는 장면을 보여주며 오늘 하루의 고됨을 말하지만, 어쩌면 그 영상이 아예 올라오지 못했을 수도 있었다. 목숨이 하나임을 제대로 아는 것이 베테랑으로 입문하는 첫 번째 조건이 아닐까. 10여 년을 일해도 건물 옥상에서 허공으로 첫발을 딛는 순간, 심장이 떨린다고 했다. 심장의 떨림을 멈추기 위해 자신에게 말한다. "떨어지지 않는다." 단지 안도를 위한 말이 아니다. 안전을 몸에 붙인 사람만이 할 수 있는 말이다.

발이 땅에서 2미터만 떨어져도 비계나 안전대를 설치해야한다. 산업안전에 관한 법이 그렇다. 이 말인즉, 2미터 높이에서 추락하는 것만으로 부상이 발생할 수 있다는 것. 그런데도 고공에서 일하는 사람들이 있다. 인간은 더 높은 곳에 살고자 하고,

더 높은 구조물을 올린다. 그것을 발전이라 부른다. 한강이 내다보이는 고층 아파트에서 살고자 하고 송전탑은 곳곳에 세워진다. 더 높은 곳에서 일해야 하는 사람들이 생긴다. 종종 의문스러웠다. 지구 지표로부터 38킬로미터나 떨어져 있는 달까지 우주선을 보내는 시대에 왜 고작 땅에서 수십 미터 떨어진 곳에서 일하는 사람들이 떨어져 죽는 일이 이토록 흔한지. 기술은 왜 특정한 곳에만 쓰이는지. 왜 일하다 죽지 않을 권리는 일에 진심인 베테랑이 이를 악물고 지켜야 하는지.

어부

박명순
염순애

"몸에 배 가지고
괜찮아요"

들어가며

"진달래꽃이 필 때는 도다리랑 오징어가 오고,
소찰밥나무가 무성할 때는 능성어가 와요. 다
철이 있어요."

철 따라 물색 고운 바다에 그물을 던졌다. 그 세월이 60여
년. 박명순은 열두 살에 낚싯대를 잡았다. 대대로 여수
월호도에서 고기잡이를 하던 집안이다. 형이 대학에
가고, 누나들이 뭍으로 나가는 동안 박명순은 섬에 남아
아버지에게 낚시를 배웠다. 바닷바람이 휘젓고 간 머리를
손으로 누르며 그는 말한다.

"옛날엔 제일 못난 자식이 남아 부모 모시고
살았지."

그 말에 고개를 젓는데 시야에 들어온 것은, 저 멀리
진분홍 꽃을 피운 섬. 도다리철이다.

베테랑의 몸

배가 큰 원을 그리듯 몸을 튼다. 넘어지지 않게 무얼 잡고 있으라 하지만, 주변에 딱히 잡을 만한 것은 보이지 않는다. 배 가운데 부착된 양망기가 털털 소리를 내며 그물을 끌어올리는 중이다. 박명순은 선미에 달린 키와 양망기 사이를 분주하게 누빈다. 선박 갑판에는 노란 플라스틱 바구니와 초록 그물망이 어지러이 널려 있다. 이 어지러움을 정돈하는 건 그의 아내 염순애. 여기는 이들이 35년 전에 마련한 배, 사랑호이다.

사랑호. 웃음 많은 염순애에게 더 어울리는 이름이다. 아내 쪽이 지은 이름인가 했는데, 교회 목사님이 지어준 것이란다. 그야, 바다로 나가는 일엔 신의 가호가 필요하니까.

"바다는 모를 때는 재미있는데, 알고 나면 무서워."

태어날 때부터 바다와 함께한 박명순과 다르게, 염순애는 나이 스물에 배를 처음 타 봤다. 여수 출신이지만 시내에서 자랐다. 섬으로 시집오게 될 줄은 몰랐다는 그에게, 시절이니 시절인 만큼 두 사람도 부모 소개로 세 번 얼굴 보고 결혼식을 올린 거냐고 물으니 염순애가 말한다.

"그때는 그런 것도 없었어. 정해지면 무조건 결혼해야 하는 줄 알았어요."

무려 45년 전 이야기다. 언제 결혼을 했는지 물었을 뿐인데, 이야기가 시작되자 남편 박명순은 마흔 해 넘게 결혼 날짜조차 기억 못하는 죄인이 된다. 지금이야 농 삼아 결혼기념일 타박도 한다지만, 그 시절엔 챙겨야 할 것이 따로 있었다. 식구들 삼시 세끼를 챙기는 것이 가장 큰일이었다. 시부모님과 시아주버니까지 함께 살았다. 남자들이 고기잡이배를 타면 여자들은 양식장으로 가거나 선창에 가져다줄 새참을 준비했다. 종종 배를 탈 일도 있었다.

"처음에는 멀미도 엄청나게 했어요. 토하다가 피가 나온 적도 있죠."

양식장에서 거둬들인 미역을 가공 공장에 가져다주던 길. 해는 기울고 늦바람은 불어 다들 마음이 급했다. 속도를 올리자 작은 배는 물살 이는 대로 출렁이고, 새댁이었던 그는 배 귀퉁이를 붙잡고 속을 게워내야 했다. 바닷물에 붉은 피가 같이 흘러갔다. 바다에서 건진 것은 무엇이든 돈이 되었지만, 뭍으로 가져가 팔아야 비로소 그 돈을 만져볼 수 있었다. 그런 그가 본격적으로 뱃사람이 된 것은 35년 전. 넷째를 출산한 직후였다.

"나 시집와서는 시아버지하고 신랑하고 낚시해서 살았지. 그때는 물고기값을 좀 비싸게 쳐줬어요. 그런데 아이가 다섯인 된 거야. 딸이 너이에 막둥이가 아들. 낚시로는 안 되는 거예요."

막둥이가 아들이라니. 자식이 많은 연유를 알 것 같다. "이게 끝까지 간 거지, 끝까지 가보자 하고." 그가 살짝 목소리를 낮춰 말한다. 마치 여기 막둥이의 누나들이 있다는 듯이.

"아기들이 많다 보니까 낚시로는 못 먹고 살아. 막막해서 그물질 시작했어요."

낚싯배는 자망(그물망 고기잡이) 배로 바뀌었다. 배 위로 끌어 올려진 초록색 그물망 사이로 소라가 걸리고, 해삼이 딸려오고, 도다리가 파닥인다. 형형한 색을 지닌 불가사리를 보자 그가 말한다.

"이게 웬수예요, 웬수. 막 먹어. 조개까지."

그물망에 걸려서도 소라와 조갯살을 파먹는다고 했다. 이 조개 하나에 얼마, 소라는 하나에 얼마. 그물망에 무언가 걸러 올라오면 이 농어가, 이 기름치가, 이 도다리가 예전에는 값이 좋았다는 소개가 이어진다. 먹고사는 일 앞에서 불가사리는 경쟁자다.

박명순이 그물을 끌어 올리는 동안 염순애는 가판 구석에 앉아 그물망을 살핀다. 아가미를 뻐끔거리는 물고기는 그물에서 떼어내어 선 칸 아래 수조에 던져둔다. 움직임조차 없는 소라나 해삼은 초록 망 무더기와 함께 쌓인다. 사이사이 형광 물건이 보이는데, 불가사리

↓   양망기가 탈탈거리며 그물을 끌어 올리면 그때부터 본격적으로 뱃일이
시작된다. 박명순과 염순애는 흔들리는 배 위에서 균형을 잡아가며 그물을 끌어
올리고 살핀다.

베테랑의 몸

보다 색이 더 진하다. 낚시꾼들이 버리고 간 낚시찌다. 낚시찌를 빼내는 그의 손이 아까와 다르게 더디다. "이거 때문에 그물이 다 찢겨요." 조심스럽게 갈퀴를 망에서 떼어낸다.

"우리끼린 그래요. 얘는 눈만 갈겨도 찢어진다고."

눈만 흘겨도 헤지는 이 얇은 그물은 손이 많이 간다. 달에 한 번은 그물망을 새로 갈아야 했다. 비바람이 거세도 무작정 배 타고 나가던 젊은 날에는 한밤에 끔벅끔벅 졸면서 그물을 손질했단다.

"젊었을 때는 체력도 되니까. 잠 못 자는 건 대수롭지도 않았지."

비바람이 불어도 배를 탔다. 파도에 그물망이 쓸려가진 않을까 하고 마음 졸이느니 몸 움직이는 편이 나았다.

"돈 벌 생각에 멀리까지 나가고 그랬어요. 지금이야 앞바다를 슬슬 다녀오지. 멀리 나가면 물살이 엄청나요. 배가 크질 않으니까 파도가 오면 배가 (바다에) 들어갔다 나왔다 들어갔다 나왔다. 바다가, 무서워요."

무서움을 이겨내게 하는 것은 다섯 남매의 얼굴이었다. 때마다 입혀야 하는 옷이 있고, 날마다 먹여야 하는 음식이 있었다. 학원 가고 싶다는데, 사야 할 문구 준비물이 있다는데, 흔쾌히 그러라고 말하지 못하는 일이 제일 무서웠다. 그건 박명순도 마찬가지. 그는 이야기하는 내내 이 말을 섞었다.

"바다에 나가는 게 제일 마음 편하지"

바다가 왜 좋으냐고 물어도 이 말을 하고, 바다가 안 무섭냐고 물어도 이 말을 했다. 거친 바다에서 마음 평온해지는 까닭은, 의식주를 해결해야 하는 불안을 바다가 해결해준다는 믿음 때문이었다.

잡는 일보다 파는 일이 어렵더라

바다와 믿음을 쌓아가던 그 30년 세월을 세 글자로 줄이면, 고생담이다. "그때는 이런 게 어디 있어요." 이 말이 알려주는 세월.

"요즘 하는 건 일도 아니지. 그때는 이런 기계가 어디 있어요? 그물도 다 손으로 끄집어 올렸어요. 그물도 삼마이라고 해서 무거웠어. 지금처럼 얇지도 않았어."

세 겹으로 된 그물(삼중망)이라 해서 '삼마이'라고 불렀다. 7~8년 전부터 사용이 금지되었는데, 무겁긴 해도 그게 튼튼했다고 아쉬워한다. "그거 쓰면 고기씨를 말리니까." 삼중으로 이뤄진 그물이 작고 어린 어류까지 포획할 가능성이 커서 사용이 금지됐다.

"하지 말라는 게 많아졌어. 가지 말라는 곳도 많아

지고, 놓아줘야 하는 고기도 많고."

제재가 늘었다. 무엇이건 예전 같지 않다. 물고기 값도 해가 갈수록 점점 떨어지고, 잡히는 수도 예전만 못하다.

"그런데 사람은 할 말이 없는 게, 너무 많이 잡았어."

수긍과 반성이 얽힌 한마디를 뱉지만, 식구는 많고 쌀독이 비어가면 그물을 내리진 않고는 안 되는 일이었다. 요즘은 용돈이나 벌듯 슬슬 앞바다나 나간다고 했다. 말은 저리해도 하루에 두 번 그물을 내린다. 오징어 철 같은 대목에는 밤늦도록 배가 선창에 닿질 않는다.

"그래도 이제 날 안 좋은 날은 못 나가요. 들어오라고 계속 전화를 해."

비바람 거센 날에는 배를 타려고 하면 해경에서 귀신같이 연락이 온다고 했다. 아쉬운 마음이 들지만, 한 해 한 해 무거워지는 몸을 생각하며 발길을 돌린다. 몸도 예전 같지 않고, 세상도 달라졌다. 변하지 않은 것은 몸에 붙은 바지런함뿐이다. 지금도 하루걸러 하루는 새벽마다 몸을 일으킨다. 어시장 직판장이 열리는 날이다. 이날도 새벽 3시에 배 시동을 켰다.

꼭두새벽부터 직판장에 가 '다라이'를 엎어 놓았다. 자리를 맡는 행위다. 발길이 많이 오가는 직판장 어

베테랑의 몸

귀에 자리를 펼쳐야 제값에 팔린다고 했다.

"오징어 철 되면 전날 밤에 가도 마땅한 자리가 없어요."

새벽부터 움직였는데도 좋은 자리는 이미 다 찼단다. 기를 쓰고 한밤에 움직이던 젊은 시절이 아니니, 어쩔 수 있나. 그나마 초입에 가까운 자리에 다라이를 놓고 노부부가 오도카니 자리를 지키고 앉아 동이 틀 때까지 버틴다. 요즘 하는 건 일도 아니라는 말이 무색하기만 하다.

"지금은 시대가 얼마나 좋아졌어요. 그땐 직판장도 몇 없었어요. 여수(시내)까지 가야 하는 거야. 가도 물이 없어 가지고. 호스로 물을 끌어와야 하는데, 수도도 한두 개밖에 없어. 그만큼 여수가 발전이 안 됐었어. 여수는 바다긴 한데, 중선배가 우선이야. 중선배는 멀리 가서 죽은 고기를 가져오잖아. 활어 직판장은 거의 없었어요."

직판장에 가면 온 섬에서 사람들이 이고 지고 몰려왔다. 북새통이자 전쟁통이라 했다.

"우리끼리 그래요. 잡는 것보다 팔아먹는 게 더 힘들다고. 그래도 그때가 참 고기 값이 좋았지."

이야기는 언제나 '물고기값'으로 회귀한다. 힘들고, 위험하고, 편한 것 없던 시절이 그리운 건 제값 받던 기억 때문이다. 도다리철인 요즘은 그래도 한창 값이 잘 나갈 때. 박명순은 아내에게 수협에서 오늘 벌이가 얼마나 들어왔는지 확인해보라 슬쩍 재촉했다. 멀리서 취재를 온 서울 사람들에게 몸 움직이는 만큼 따라오는 보상의 실체를 알려주고 싶었던 걸까.

탁 버티고 서 있으려니

아픔도 잊게 하는 보상이다. 그 덕에 엄살 없는 몸이 되어 버렸다.

"그런데 배에서는 멀쩡해요. 돈 벌 생각에 아픈 걸 모르는 거지."

말은 저리해도 염순애는 선창에 내리자마자 바닥에 누워버렸다. 굳은 몸을 펴는 것이다. 아무리 오랜 시간을 바다에서 보냈어도 배에선 몸에 힘이 들어간다. 한 해 두 해 나이가 들수록 힘을 준 몸이 굳어만 갔다.

"탁 버티고 서 있으려니까 몸이 굳지. 다리가 아프니까 허리도 아프고. 나이가 드니까 한 해 두 해가 달라. 다르더라고요."

종종 그물에 끌어올리는 과정에서 함께 달려온 돌들이 무게를 이기지 못하고 선박 바닥을 패대기쳐지곤 했다. 그 크기가 주먹만 하다. 무게만 잡아먹는 돌을 다시 바다로 돌려보내는 것도 염순애의 일이었다.

돌을 고르는 그의 허리가 펴질 줄 모른다. 한 팔로 가판 바닥을 짚고 다른 쪽 팔을 써서 돌덩이를 바다로 던진다. 허리는 내내 기역 자로 꺾여 있다. 허리를 폈다가 구부렸다, 무릎을 굽혔다가 폈다가 하기가 힘이 드는 게였다. 온몸에 힘을 주고 30년을 살았으니 관절마다 비명을 지를 만도 하다.

조심하라고 하지만, 물에 젖은 그물은 발아래서 엉키고 가판 구석으로 밀쳐둔 해초류는 미끈거린다. 그물이 건져 올리는 것은 해산물만이 아니다. 딱딱하기 그지없는 돌덩이와 조개껍데기, 날카로운 낚시나 유리 조각도 가판으로 올라온다. 긁히고 찔리기 좋다. 게다가 온통 물이라, 무엇이건 무겁다. 얇은 실처럼 엉킨 그물마저 바구니째 들어 올리면 지금 내가 사과 상자를 드는지 쌀 포대를 드는지 알 수 없다. 물을 잔뜩 머금은 게다. 그 무게를 노인 둘이 감당한다. 나이답지 않게 허리가 꼿꼿한 박명순이 그물 바구니를 들어 선박 모서리에 얹으면 염순애가 그걸 선창으로 끌어올린다. 내가 도우려는 시늉을 하니, 두 사람 모두 다친다며 성화다. 힘도 힘이지만 기술이 필요한 일이다.

그 기술 덕에 바다에 빠지는 일은 없었다. 염순애는 수영도 할 줄 모른다고 했다. 균형을 잃고 바다에 빠지는 순간 큰일이다. 어릴 적부터 물속에 들어가면 귀

가 울리고 어지러웠다. 달팽이관 이상이 아닐까 추측한다. 그렇다면 흔들리는 배에 타는 것도 고역이었을 텐데. 뱃멀미가 유독 심했다는 말이 떠오른다. 하지만 이 한마디로 정리되는 세월이다.

"몸에 배 가지고 괜찮아요."

언제나 견뎌야 할 이유가 있었다. 다행히 사고 같은 것 없이 35년을 보냈다. 바다 무서운 줄 아니 더 조심했단다. 반면 박명순은 크고 작은 부상을 입어 왔다. 안 그래도 그는 성큼성큼 갑판 모서리를 밟으며 이동한다. 미끄러지는 것은 아닌지 내 심장이 콩닥 인다. 그런데 정작 그가 다친 장소는 탁 트인 바다가 아닌 네모난 양식장.

"양식장에 빠져서 크게 다칠 뻔했어요. 거기는 바다랑 다르게 모서리가 있어, 나오려고 휘젓다가 더 부딪혀 찢기는 거라."

부부는 한때 가두리 양식장도 했다. 태풍 매미가 다 휩쓸고 가기 전까진.

보면 딱 잡혀 있어

두 사람이 젊었을 적만 해도, 이 작은 섬에 150여 가구가 있었다. 지금은 50여 가구쯤 된다. 다섯 남매가 졸업한 초등학교는 폐교됐다. 섬에 나이 든 사람만 살 것 같

지만, 의외로 어부를 업으로 삼아보겠다고 온 젊은이들이 있다. 고용이 불안해지자 기술로 먹고사는 일을 배우려는 사람이 늘어났다. 젊은 사람들은 최신 장비를 들고 바다로 온다.

"요즘은 프로타(무선 어군 탐지기) 같은 걸 사용하면 고기가 보인다고 그런다지만, 그걸로 안 돼요."

여전히 가장 목 좋은 곳을 아는 것은 이 노년 부부다.

"감이지. 아, 여기에 어망을 내리면 잡히겠다. 대체로 예감이 맞아요. 보면 딱 잡혀 있어. 그게 자신감이 되는 거지."

한 분야에 오랫동안 기술을 닦아온 사람들이 대수롭지 않다는 듯 툭 던지는 말이 있다. 그 말을 이 부부도 한다. "하다 보면 알게 돼요." 오래 하다 보면 물길을 알게 된다고 박명순은 말한다.

"하루에 물살이 네 번은 갈린다고. 우리는 만조 간조라 안 부르고, 다드리 자치기 이래. 물이 빠지고 들어오는 흐름을 잘 봐야 하고 위치를 알게 돼."

아무리 최신 장비를 갖춰도 조류를 파악하지 못하면 엉뚱한 곳으로 쓸려간 그물을 찾아 헤매야 한다. 지도도, 나침반도 통하지 않는 망망대해에서 두 사람은 어종에 따라 물고기가 머무는 곳과 이동하는 길목을 빠삭하게 안다. 이 신기한 일을 설명하기 위해 염순애가 힌트를 준다.

"어디에 물속의 산이 있는지 알아야 해요."

물속의 산이라. 바위를 말한다. 물살이 약한 바위 인근에 생물이 머물 가능성이 크니까. 하지만 물속에 잠긴, 보이지 않는 바위의 위치는 어떻게 알까.

"우리는 산 가늠을 해요. 저기 섬에 있는 산 하고, 저 산 하고 저 산. 세 군데를 딱 맞춰서."

여수는 섬이 많은 곳이다. 낮에는 섬을 기준 삼아, 밤에는 등대 불빛을 기준 삼아 거리를 잰다. 물속의 산이 있는 자리를 가늠해서 기억해둔다. 물고기들이 매일 드나들 듯 두 사람도 매일 바다에 나갔다. 막연한 감이 아니라 오랜 경험이 주는 확률에 의한 확신이다. 그렇게 확신이 들면 물살이 '동동'할 때 그물을 내린다. 물살이 세지 않고, 공기가 든 부력통이 동동 뜨는 잔잔한 곳에 그물을 놓는 게다. 무엇이건 하다 보면 안다. 오랫동안 성실히 하다 보면.

"여기에 한 번 그물을 던졌는데, 안 잡힌다고 계속 자리를 이동하면 안 돼요. 물때가 맞으면 고기들은 와요. 사람은 거짓말해도 고기는 거짓말 안 해. 언제고 와. 끝까지 참고 기다리면. 몇 번 해보고 포기하는 사람은 안 돼. 못 잡아."

그러니 이 일의 가장 큰 노하우는 꾸준함. 묵묵히
제 일을 하며 기다리는 것.

"놀기 좋아하고 술 좋아하고 친구 좋아하면, 이거
못해요."

반백 년 경력의 박명순 선장이 일침을 가한다.

바다가 내 은행이니까

그는 지금도 노는 일과 거리가 멀다고 했다. 주말에 교
회 가는 것 말고는 바다밖에 모르는 사람이다. 집에선
손 심심할 새 없이 그물 손질을 한다. 다른 취미를 물어
도 허허 웃는 것이 고작이다. 그래도 젊을 적인 노래 한
가닥 부르길 즐겼단다.

"바다에 나오면 마음이 좋지."

초보자에겐 재미있고, 아는 사람에겐 무섭다는 바
다가 그에게는 편하다.

"바다가 내 은행이니까."

염순애가 말을 거든다.

"우리 아저씨는 내일 당장 돈 하나도 없어도 지금
까지 해온 거 가지고 굶지 않고 살아갈 수 있다는 그런
자신감을 가지고 살아요."

베테랑에 관해 묻는 말에 그가 남편 대신 답을 해
준다. 그 자신감이 실력이라고 했다. 물살이 세도, 그물

"베테랑은,

묵묵히 제 일을 하는 사람."

을 적게 쳐도 빈손으로 돌아오는 날은 없다. 조류를 알고 물고기 길을 아니까. 그렇다면 염순애는? 염순애에게 자신을 베테랑이라 여기냐고 물어보니, 손사래를 친다. 이 손짓을 많이 봤다. 여성들은 왜 이리 손을 젓는 걸까. "나야 뭐 보조지. 우리 아저씨가 선장이지." 욕심 없는 남편이 다른 건 다 줘도 키를 잡는 조타 권한만큼은 내주지 않는다는 말을 농담처럼 한다. "그건 선장의 자존심이지." 농만은 아니었는지, 박명순이 거든다.

염순애가 그 키를 넘겨받은 일이 있긴 했다. 10년 전 박명순이 큰 치료를 받을 때다. 감기인 줄 알았는데 낫질 않아서 검사를 받았더니 중병이었다. 그때부터 뭍에 있는 병원에 갈 때는 박명순이 키를 잡았다.

"병원에 입원을 했는데 어떻게, 이제 내가 배를 타야지."

남편 입원시켜놓고 염순애는 배를 타러 갔다. 병원비가 필요한데, 사회생활 시작한 지 몇 년 되지도 않은 자식들에게 손 벌리긴 싫었다. 모자란 돈을 채워줄 곳을 알았다. 바다가 은행이었다.

"이틀 해서 120만 원을 벌어서 가지고 가서 퇴원을 시켰어요."

어떻게 그 일을 혼자 했느냐고. 나는 듣는 내내 호들갑인데 정작 염순애는 담담하다. 작은 일도 재미있게 말하던 방금 전까지의 모습은 찾아볼 수 없다. "혼자 했지, 그냥 뭐." 해야 하니까 했다. 바다가 있어서 다행이었다. 그가 한평생 살아온 모습이었다. 그 후로 박명순은 큰 수술을 한 차례 더 받았으나, 여전히 정정하다. 여든 노인 같지 않은 그의 체력에 의사가 놀라더란다. 뱃일로 다져진 몸이다.

은행 덕에 살았다. 다섯 아이를 낳아 키우고 육지로도 보낼 수 있었다. 장성한 막내아들은 매일같이 안부를 물어오고, 바람이라도 불면 배를 띄울까 봐 자녀들의 전화가 더 잦아진다. "애들한텐 안 나간다, 안 나간다 하면서 이미 배 위지." 염순애는 이 말을 하며 슬쩍 웃는다. 여전히 손을 놀게 하는 법을 모르지만, 요사이 그는 그물 쥔 손을 잠시 풀고 꽃을 키우고 나무를 심는다. 다육이 키우기에 푹 빠져 있다고 수줍게 고백도 한다.

박명순에게선 바다 일 말고 다른 취미를 듣길 포기한 나는 한마디 해달라고 한다. "어떻게 살아야 할까요?" 실은 '어떻게 이런 삶이 가능할까요?'라고 묻고 싶었다. 이토록 성실하고 한 방향으로 곧게 달려온 삶이. "뭐든 긍정적으로 생각하며 살아야지." 그는 평범하지만 실천하긴 어려운 일을 일러준다.

두 사람이 같이 담긴 사진 한 장을 찍자고 하자,

노부부는 사랑호 가판 위에 선다. 서로 멀찌감치 떨어져 선 모습에 나는 깔깔 웃는다. "얼굴에 아무것도 안 하고 왔는데." 염순애가 겨우 로션만 바른 얼굴을 걱정한다. 두 부부가 뜨겁다 못해 따가운 햇볕 아래서 보냈을 시간이 떠오른다. 가판 위에는 어딜 봐도 햇빛 가릴 곳이 없다. 해가 쏟아지면 받아내고, 물이 들어오면 젖어가며 이 배에 자신들의 몸을 길들였다. 그래서일까. 사진작가가 요청도 하지 않았는데 선박에 몸을 기대어 포즈를 잡는다. 자연스럽다. 가장 익숙한 곳이다.

이들의 은행이자, 일터이자, 분투의 공간이자, 성실의 대가를 언제나 내주었을, 그리고 수많은 생이 살아가는 바다 위에서 이 노부부의 하루가 지나간다.

베테랑의 몸

가판 위에서 마음이 복잡했던 것은

노부부와 한가로이 배를 타고 선창으로 돌아오는 길, 저편에서 살짝 더 큰 배가 마주 온다. 저 배의 가판에는 이주노동자 두엇이 선실 벽에 등을 기대고 앉았다. 까무잡잡한 외양이 몇 달 전 사전 조사차 간 다른 바닷가 마을에서 본 베트남 노동자들과 닮았다. 그쪽 출신일까. 한국인 베테랑 선원이 있다는 말을 듣고 갔는데, 이주노동자들뿐이었다.

내가 그들을 유심히 보자 염순애가 말한다.

"저렇게 외국인 데리고 일하면 남는 게 없어요."

우리 두 사람 모두 그 순간 같은 생각을 한 것은 분명했다. 이들이 받는 임금, 아니 노동의 대가. 한국 어선에서 일하는 노동자의 반 이상이 인도네시아와 베트남 등에서 온 이주 선원이라고 했다. 미등록 이주노동자는 통계에 잡히지 않으니, 실제로는 더 많은 수가 일하고 있을 것이다. 2021년 한 조사에 따르면, 원양어선에서 일하는 이주 선원의 최저임금은 50만~70만 원 수준이다.[1]

그날 만난 베트남 노동자들은 격주로 하루씩 쉬며, 하루에 12시간을 일한다고 했다. 무엇 하나 법을 어기는 일이 아니다. 최저임금, 주 52시간 근무 같은 노동법은 선원 특히 이주노동자 선원을 '예외'로 한다. 법이 가혹한 덕에 선주들은 법을 어기지 않는다. 아무리 한평생 바다에서 살았다고 해도, 이주노동자를 고용하는 선장을 베테랑이라는 이름으로 인터뷰하고 싶지

---

[1] 해양수산부, 〈한국선원통계연보〉, 2021.

않았다. 그렇게 돌고 돌아 온 곳이 사랑호라는 작은 배를 타는 부부였다.

배를 탔을 때, 혼자 마음먹은 것이 있다. 도다리나 가물치는 아니어도 멍게나 해삼 한두 마리 정도는 바다로 몰래 돌려놔야겠다. 노부부의 눈을 피해 바다로 던지려 한 것이다. 그렇게라도 마음 편하고 싶었다. 지금 생각하면 아주 간편한, 도시 사람의 자족이었다. 가판을 샅샅이 훑는 베테랑들의 시선에 벗어날 기회는 결국 얻지 못했다. 내가 한 일이라고는, 좁은 가판에서 두 사람에게 방해가 될까봐 몸을 말고 구석에 가 앉은 것. 몸을 기역 자로 구부린 채 선박 바닥에서 돌을 고르고, 불가사리와 조개를 두고 다투는 사람의 배 일을 코앞에서 지켜봤다. "물고기는 거짓말 안 해. 그물 놓고 기다리다 보면 와요"라는 말이, 비가 와도 풍랑이 거세도 해가 뜨기 전부터 뱃줄을 풀고 바다로 가서 1평 남짓의 작은 배에서 하염없이 기다리는 일이라는 것을 알게 되자, 가판 바닥을 훑던 주름 굵은 손으로 자꾸 시선이 갔다.

배에는 생물들이 자꾸 쏟아져 쌓이는데, 내다 팔면 1만 원, 2만 원 지폐로 교환될 어떤 것이다. 이 또한 그냥 내다 파는 것이 아니다. 칠흑 같은 밤에 칠순이 다 되어가는 노인 둘이 갈색 대야 엎어 만든 플라스틱 의자에 앉아 동이 트길 기다려 팔고 온다. 내가 바다에 놓아주려 한 것은 숨을 가쁘게 팔딱거리는 생명이자 5000원, 1만 원, 3만 원…이다.

물색은 너무 곱고, 바닷바람은 시원하고, 두 사람은 정겹지만, 마음은 복잡해져서 돌아오는 길에 마을 배를 만났다. 배에 탄 이들이 노부부에게 그물을 치워달라고 요구했다. 그들 왈, 오

베테랑의 몸

전에 자신들이 그물을 친 장소이니 오후에도 그 자리를 쓰겠다는 것. 그것이 어촌 마을에 통용되는 질서인지 모르겠지만, 어쩐지 나는 그들이 하는 말에 심통이 나서 "아니, 무슨 바다에 임자가 따로 있어요" 구시렁댄다. 그런 나를 두고, 두 부부는 이웃끼리 그러는 거 아니라며 순순히 그물을 끌어 올린다. 방금 내린 그물이라 아무것도 건져진 것이 없다.

그래, 바다도 이들에겐 마을의 영역이다. 물색이 곱다가 넘실대다가 풍요롭다가 포효하는 저 바다 또한, 인간이 발 딛고 선 이상 사회의 일부이다. 그 사회는 언제나 나의 심정을 복잡하게 만드니 갑판 위에서 나의 마음이 그러했던 것도 당연하다.

식구들 삼시 세끼 챙기기 바빠 기념일은 고사하고 생일조차 챙겨본 적 없다는 노부부.

"생일도, '나 내일 태어난 날이야' 하면, '응 알았어' 그래놓고는 지나가면 잊어. 뒷날까지 몰라. 언제 생일인가, 그러고 있어요."

그 말에 나는 두 사람이 결혼기념일을 잊지 않도록 책에 날짜를 넣어준다고 농담 반 진담 반 약속을 했다. 이들의 결혼기념일은 11월 4일이다.

2부

관계 맺는 몸

조산사

김수진

"산모가
출산의 주체가
되도록 이끌죠"

들어가며

출산을 앞둔 산모는, 아프다. 죽을 만치 아프다고
들었다. 그리고 병원은, 차갑다. 싸늘한 수술실과
건조한 말투의 의료진이 몸을 헤집는다. '출산 굴욕 3종
세트'라 부르는 자궁 내진, 관장, 회음부 절개로 이미
자신의 것이 아닌 몸이 수술대에 올려진다. 그곳에서
기다리는 건 공포와 불안 그리고 서러움. 그런데 아기는
너무 예쁘단다. 이것이 주변 사람들이 내게 해준 출산
이야기이다. 낳으라는 건지 말라는 건지 헷갈리지만,
딱딱한 수술대에서 두 다리가 들어 올려지는 건
산부인과 검진 경험만으로 충분했다.

　　　이따금 누가 자연주의 출산 방식으로 아이를
낳았더라는 소식을 들어도 심드렁했다. 나랑 무관한
일이니까. 그런 내가 베테랑 조산사를 만난 이유는
김수진이 흔히 듣는 이 말과 관련이 있었다.

　　　"요즘도 조산사가 있어요?"
김수진이 자신의 직업을 이야기하면 돌아오는
반응이라고 했다. 그를 소개받을 때, 나 또한 이
말을 했다. 산파랑 비슷한 직업인가. 산파는 현대
의학에 밀려 사라진 직종이 아니었나. 너무도 모르는
직업이었기에 만나고 싶었다.

굳이 조산사랑 무슨 이야기를

조산사가 법에 명시된 것은 무려 1914년(조선총독부령 '산파규칙'). 국내에 조산사 면허를 가진 이는 6000여 명. 조산사는 간호사 자격을 지닌 이가 1년간 정해진 의료기관에서 조산 수습 과정을 거쳐야 면허를 취득할 수 있는 공식 의료종사자이다. 그러나 나를 비롯해 많은 이들이 미덥지 못한 얼굴을 하고 조산사와 마주한다.

"다들 그래요. 산모분들도 처음에는 '굳이 병원에 의사가 있는데 조산사랑 무슨 이야기를 하지?' 이런 반응을 보이고요."

이 말이 무색하게도 그의 진료실을 찾는 산모들이 끊이질 않았다. 주말에는 분만 일정이 잡혀 있지 않아도, 상담을 하느라 점심 먹을 시간도 없다고 했다. 이 변화는 그가 만들어낸 것이다.

김수진, 그 자신도 처음 조산사 자격 면허를 취득했을 때는 별다른 생각이 없었다. 30년 전 그는 분만실 신입 간호사였다. 주변에서 조산사를 하면 잘할 거 같다고 해서 일단 자격증은 따두었다.

"제가 환자들 이야기를 잘 들어줬나 봐요. 옆에 가서 손도 잡아주고 쓰다듬어 주고. 저는 몸에 배듯이 한 일인데. 그걸 본 사람들이 조산사를 권하더라고요."

1999년의 일이다. 30대였던 시절, 그 자신도 아직 출산이 뭔지 잘 모르는 상태에서 과정을 수료했다. 시간이 흘러 분만실 수간호사까지 됐지만, 여전히 출산은 의료인인 그에게도 불편하고 어려운 대상이었다.

"수간호사가 됐는데도 무통 주사 말고는 산모들이 고통스러워하는 걸 조절할 방법이 없는 거예요."

안타까웠다. 언제 끝날지 모르는 채 계속되는 통증과 불안은 사람을 외롭게 한다. 그걸 수술대 위에서 혼자 견디게 하고 싶지 않았다.

"어떻게 하면 산통을 줄일 수 있을까 찾아보니 히프노버딩이라고 최면 출산 이야기가 나오더라고요. 최면 출산이라고 해서 '레드 선' 걸어서 산모가 잠시 정신을 잃었다가 출산하는 건가 싶었는데, 때마침 미국에서 전문가가 와서 강연을 한다고 해서 들으러 갔어요. 피부 만져주기나 아로마 사용법, 호흡법 등 이완에 관한 내용이었어요. 피부를 만져주는 것만으로 통증이 줄어든다고? 그걸 제가 근무하는 병원의 산모들에게도 해봤는데, 다들 너무 편안해하는 거예요. 단지 피부를 만져주거나 안심시켜주는 것만으로. 신기하다. 이거 해봐야겠다."

그렇게 자연주의 출산을 알게 됐다.

　　베테랑의 몸

산모는 환자가 아니거든요

"외국은 우리와 출산 환경이 많이 달라요. 조산사의 업무도 넓고 깊숙해요. 호주나 미국 같이 분만 과정에서 조산사가 완전히 개입하는 곳도 제법 있고요. 산후에도 조산사가 주기적으로 방문해서 산모 상태를 살피기도 하고요."

국내에서도 조산사는 산모의 출산 과정 전반을 조력하고 의료적 개입이 필요한 시점을 파악하는 역할을 한다. 그러나 분만실 간호사와 역할이 혼재되어 있고, 역할의 독립성이 없기에 조산사가 할 수 있는 일에 한계가 있다. 그 답답함은 자연주의 출산을 공부하며 풀리기 시작했다. 2014년이었다.

"사실 우리나라 병원에서 하는 자연 분만은 외국에선 고위험군 산모들에게 취하는 방식이에요. 금식하고 움직이지 말고 침대에 누워 있어야 하고. 쉽게 말해 산모가 병원 시스템으로 들어오는 거예요. 그렇지만 산모는 환자가 아니거든요. 환자가 아닌, 출산의 주체가 되도록 조력하고 이끄는 게 제 일이죠."

산모가 환자가 아니라 출산의 주체라는 말은 인상적이었으나, 잘 모를 소리이기도 했다. 병실 침대 위에서 산모가 어떻게 주체가 될 수 있나. 힘을 주니까? 여전히 내게 조산사는 산모 옆에서 "힘줘!"를 외치는 이미

지에 갇혀 있었다. 이 생각이 변한 것은 그가 진행하는 출산 수업을 참관한 뒤였다.

4주차 수업이라고 했다. 강의실에는 임신 막달로 보이는 여성들과 배우자들이 나란히 앉아 있었다. 산모는 수액 꽂고 누워 있는 존재가 아니기에 챙길 것도 해야 할 것도 많다. 심지어 분만 중 먹을 간식도 챙겨오라고 했다. "긴 시간을 견뎌야 하는데 먹어야 힘이 나죠." 산통은 보통 하루 정도 지속된다.

그 시간 동안 산모는 몸을 움직이고 근육을 쓰며 출산에 이로운 자세를 찾아 나가야 한다. 자궁이 열리는 정도에 따라 달라지는 진통의 유형과 세기, 그리고 그때마다 임신부가 취해야 할 자세나 호흡을 알려준다. 우선 북극곰 자세. 이 자세는 곰이 몸을 엎드려 웅크린 자세로 아기가 하강하는 데 도움이 되는 자세라고 했다. 다음은 런지 자세. 이번에는 김수진이 시범을 보인다. 한쪽 무릎을 굽히고 다른 쪽은 쭉 뻗는 이 자세를, 필라테스에서 본 것 같은데. 골반 틀어짐을 잡아줘서 이 또한 출산을 돕는다. 짐볼을 대고 엎드리거나, 배우자와 등을 맞대어 기대는 동작도 권한다.

이 모든 자세를 하는 이유는 하나, 이완. 나는 이날 1시간짜리 수업에서 이 단어를 수십 번은 들었다.

"자궁에서 오는 통증은 근육이 쪼여지면서 생기는

사진 제공: 박ㅇㅇ

조산사 김수진

거라, 근육에 산소가 많이 가고 이완이 되면 될수록 근육의 조임이 덜해지거든요."

산모들이 호흡을 가다듬고 스스로 자세를 바꿔가며 근육과 골반을 이완시킨다. 금식하고, 수액 주사를 꽂고, 병상에 누워 맞는 출산은 이 자리에 없다. 몸을 움직여 아이가 나올 수 있는 길을 열어준다.

"집에 가서 연습을 많이 해두셔야 해요."

임신부들이 고개를 끄덕인다. 강의 내내 여성들은 단단한 얼굴을 하고 있었다. 그만큼 꼼꼼하게 일러주고 그만큼 준비해왔다는 거겠지. 그렇지만 김수진은 출산의 제일 중요한 주체가 누구인지 새롭게 일러둔다.

"아기는 기다리면 나와요."

아기가 자기 속도로 나오도록 조산사와 부모는 그저 기다리는 거라고 했다.

"아기가 나오기 직전에 힘주는 것보다 더 중요한 게 힘을 완전히 빼는 거예요. 머리 힘도 빼고 어깨 힘도 빼고 침대에 몸을 툭 던져 놓으라는 이야기거든요. 그걸 반복하면 아기가 혼자 스스로 어깨를 돌려주면서 나와요. 아기가 알아서 합니다. 엄마랑 아빠랑 제가 하는 일은 아기가 여기까지 올 수 있게, 잘 올 수 있게 도와주는 거예요."

분만실에서는 임신부의 동행자(주로 배우자)도 할

일이 많다.

"남편분들은 옆에서 터치 마사지를 계속해주시는 거예요. 어떤 분은 하다가 손가락 지문이 사라졌다고 농담하기도 해요. 5분, 6분 이렇게 하는 게 아니에요. 진통은 종일 계속돼요. 남편분들도 그 시간만큼 마사지를 해주시는 거예요. 잘하고 있다 응원하면서."

사람들은 흔히 출산 과정에서 조산사가 몸을 부산히 움직이고 목소리를 높일 거라 예상하겠지만, 분만실로 들어간 조산사의 움직임은 조심스럽다. 직접적인 돌봄의 역할은 동행자에게 맡긴다. 그는 산모 머리맡이나 침대 발치에 앉아 산모의 상태를 조용히 살핀다.

"외국에 이런 속담이 있어요. 가장 일을 잘하는 조산사는 산모 옆에서 말소리를 내지 않고 가만히 뜨개질하는 사람이라고요."

그가 해야 하는 것은 출산 과정 전반을 살피고 판단하는 일이다. 조산사는 의료진이니까. 김수진은 산모가 의료체계 안에 갇히지 않고 출산을 자연스럽게 느끼도록 돕지만, 한순간도 의료진의 위치를 놓지 않는다. 출산은 매 순간 판단이 필요한 일이다. 의료적 개입의 시점을 파악하는 것 또한 조산사의 일이다. 동시에 산모를 믿는다.

"이 일을 시작할 때 조산사는 산모를 믿어야 한다

↓ 김수진의 핸드폰에는 출산 과정을 함께한 산모 가족들과 찍은 기념 사진이
저장되어 있다.

사진 제공: 박○은

베테랑의 몸

고 배웠어요. 이 출산 어렵겠는데, 조산사가 이런 생각을 하면 감각이 예민해진 산모에게 들킨다는 거죠. 그러면 산모가 불안해져요."

지치고, 불안하고, 감정이 치우치고. 모든 자극에 민감해진 산모는 조산사의 표정마저 읽는다. "저 사람이 내게 애정을 주고 있나, 저 사람이 지금 나를 위해 도와줄 사람인가." 판단하려 한다. 불안한 것이다. 그러니 믿음을 보여줘야 한다.

산모를 믿되, 상황 판단은 객관적으로 해야 한다. 모순된 일처럼 느껴지지만 다정하고도 단호한 그의 말투가 분만실 현장을 짐작할 수 있게 한다. 그는 의료적 판단을 제외한 모든 주도권을 산모에게 넘긴다.

"출산 과정에선 저를 드러내지 않아요. 제가 경험이 더 있다는 이유로 분만실을 지배해버리면, 산모의 출산이 아니라 제 출산에 산모가 끌려오는 거니까요."

큰 숙제를 마친 것 같은

수술대 위가 아니라 출산 방에서 아기를 맞을 준비를 한다. 어느 가정집 같은 분위기. 산모와 가족들이 준비한 물품이 방에 놓인다. 탄생을 축하한다며 가랜드를 챙겨오는 이도 있다. 조명도 온도도 출산에 가장 적합한 형태로 맞춰져 있다. 기다리고 또 기다린다. 물론 그 기다림의 시간이 고요하진 않다. 비명을 끄윽거리며 참는 일은 자연주의 출산에서도 일어난다. 다만 그 고통을 해소할 방안이 의료진의 손에만 달려 있지 않다는 점이 다르다. 산모와 가족들이 함께 그 시간을 헤쳐간다. 산모들이 남기고 간 수많은 손 편지들 사이에서 이런 문구를 봤다(손 편지는 진료실 한쪽 벽에 가지런히 붙어 있다).

'함께 준비하고 함께 진통을 견뎌낸 경험만으로도 우리 인생에 큰 자산이 된 것 같아요.'

아기 머리가 보이는 순간부터 조산사는 산모 발치에서 쪼그려 앉아 꼼짝하지 않고 기다린다. 길면 한두 시간도 걸린다. 어깨가 굳는다. 허리도 당연히 아프다. 하지만 침대를 박박 긁으며 통증을 참는 산모를 앞에 두고 제 몸의 통증을 느낄 새가 없다. 뜨개질을 하는 산파 이야기를 했지만, 그 산파의 눈은 미세한 변화도 놓치지 않는다.

몸이 굳을 만치 긴 기다림 끝에 하나의 생명이 세상에 나온다. 그 순간을 그는 '환희'라고 표현했다. 탄생의 순간 앞에 지금껏 한 고생은 아무것도 아니게 된단다. 그러나 정작 그 순간, 그는 뒤로 물러난다.

"분만실에 같이 가는 간호사들에게도 당부하는 것이, 아이가 태어나면 엄마 아빠 외에는 목소리를 내지

↑   자연주의 출산 진료실 한쪽 벽면에 산모들이 보낸 감사 편지가 가득하다.
김수진의 얼굴을 그린 그림과 꽃들도 함께 걸려 있다.

말라고 해요."

환희는 산모의 것이 돼야 하기에 그는 목소리조차 조심한다. 갓 태어난 아기를 엄마의 배에 올리고 지켜본다. 김수진의 역할은 아직 끝나지 않았다.

"그때 해야 하는 게, 저는 산모랑 아기를 살펴야죠. 아기 얼굴색은 어떤지. 산모가 출혈은 없는지. 출산 직후가 제가 가장 많이 긴장하는 순간이에요."

그럼에도 기쁨은 잘 숨겨지지 않는다.

"저도 같이 막 옥시토신이 나오는 거예요."

흔히 사랑의 묘약이라 하는 이 호르몬이 산모가 아닌 조산사인 자신에게도 나온다고 할 만큼 이 순간은 크나큰 애정이다.

"한 아이가 태어난 걸 보면 마치 큰 숙제를 마친 것 같아요. 무사히 태어난 아이를 보는 게 너무 기쁘더라고요. 갓 태어난 아이를 안아 올렸을 때의, 그 말랑하고 미끌하고 따뜻한, 그 감각은 무엇과도 비교가 안 돼요. 그렇게 에너지를 받는 거예요."

그 힘을 받아 다음 산모에게 간다. 하지만 옆에서는 놀란다. 병원 사람들에게 종종 듣는 말이 있다. "선생님, 며칠째 집에 안 가신 거예요?" 6년 전 자연주의출산센터의 센터장으로 온 이 병원에 자연주의 출산을 관장할 수 있는 조산사는 자신밖에 없다. 산통이 언제 시작될지 모르니, 밤낮이 없다.

귀가 열리고 눈이 떠진다

"자연주의 출산 일을 맡은 후부터 1박 2일 이상 어딜 가보지 못했어요. 어딜 가도 병원에 한두 시간 안에는 도착할 수 있는 곳으로만. 고향이 강릉인데, 친정 갔다가 새벽에 불려온 적도 있어요."

그 자신도 신기해하는 것은, 자다가도 문자 메시지 알림 소리에 귀가 열린다는 것. 핸드폰이 2개인데, 그중 하나는 업무용으로 산모들과 연락을 위해 마련한 전화기이다. 다른 전화기 알람에는 쿨쿨 잘도 자는데, 산모들 연락이 오면 바로 잠이 깬다고 했다.

"신기하죠? 이 일을 하면서 달라졌어요. 자동으로 귀가 열리고 눈이 떠져요."

대단하다 생각하면서도, 그건 자는 내내 몸이 긴장을 하고 있다는 말이 아닌가 싶다. 아까 수업에서 내내 들은 단어가, 긴장과 이완. 수업 때 김수진은 산모(와 그 가족)에게 작은 것 하나조차 꼼꼼히 일러두었는데 출산 직전 언제 병원으로 출발해야 하는지도 구체적이었다. '몇 분 간격으로 통증이 오면 자궁이 몇 센티가 열린 것이니, 조금 더 기다려도 된다. 통증이 몇 분 안쪽으로 잦아졌을 때 출발을 하면 된다.'

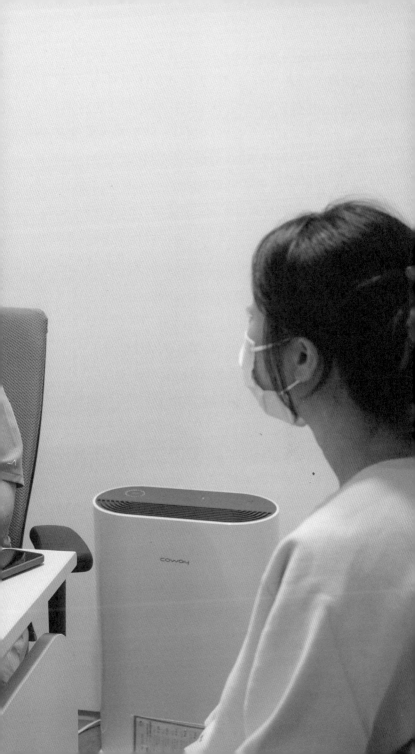

그러면서 덧붙이는 말은 '필요하다면 언제든지 자신에게 연락을 하라'는 것. 통증 정도와 관계 없이, 언제든지. 이 말을 듣는 데 산모도 아닌 내가 다 든든하더라. 하지만 그때문에 그가 자면서도 귀를 열어둘 줄은 몰랐다. 잠을 깊게 들 수 없다. 개인 약속도 잡지 않는다. 한 달에 열흘 넘게 밤을 새운다.

"보통 출산은 새벽에 이뤄져요."

어둠이 산모를 이완시키고 출산을 돕는 걸까. 산모를 따라 분만실에 들어간 그도 나오질 못한다. 안 그래도 인터뷰를 해야 하는데, 분만실에서 그가 나오지 못해 연락만 기다린 적이 있다. 그 순간 가장 중요한 일은 태아를 세상에 내보내는 것. 생사가 오가는 일이다. 이틀이 지난 후, 산모가 출산했다는 소식을 받았다. 이른 아침이었다. 이번에도 이틀을 꼬박 산모에게 매달린 것이다.

"분만실에 들어간 순간 체력과의 싸움이거든요. 굉장한 감정 노동이자 육체 노동이에요."

틈틈이 자두는 것이 습관이 되었단다. 언제 밤을 새울 일이 생길지 모르니, 저녁 식사 후 쪽잠을 챙겨 잔다. 체력 관리는 필수이다.

"제가 아침마다 1시간씩 산에 올라가거든요. 여기 가까운 산을 보통 6시 30분에 가서 1시간 걷다가 와요.

체력 관리를 하지 않으면 정말 이 일을 할 수 없어요."

산행을 통해 얻는 것은 체력만이 아니다. 산에 올라 그곳에 마음도 내려놓고 온다. 어릴 적부터 공감을 잘하고 사람 감정을 잘 읽어내는 면이 있었다. 그에게 조산사를 하라고 한 사람들도 그런 면모를 보고 권한 것일 테다. 조산사가 직업이 되자 감각은 더 예민해졌다. 예민하게 감각을 열어두는 동시에 조산사는 평온을 유지해야 한다. 앞서 말했지만, 산모가 그의 표정마저 살피기 때문이다.

예민하게 타인을 살피되 자신은 평정심을 잃지 않는다. 어려운 일이다. 그러니 키워야 하는 것은 자신의 마음과 몸을 알아채는 능력. 자신의 상태를 알고 마음을 다스려야 한다. 그러니 걷고 또 걷는다.

"흙 밟으며 걷는 걸 좋아해요. 좋아하는 거를 하려고 해요. 좋아하는 향을 맡고, 좋아하는 소리를 듣고. 새소리, 물소리…. 내 마음이 지쳤다 싶을 땐 정말 좋아하는 카페에 가서 커피 한 잔 사서 혼자 앉아 있어요. 아무 전화도 안 받고. 그렇게 가만히 있어요. 감정을 조절해야 육체의 힘이 살아나는 거 같아요."

손 잡히는 곳마다 향이 좋은 아로마 오일이 있고, 핸드폰에는 명상을 돕는 애플리케이션이 종류별로 담겨 있다. 매일 아침 잠깐씩이라도 길게 숨을 뱉는다. 그가 산모들에게 알려준 호흡법이다. 몸에 이완을 가져온다. 임산부들에게 자신을 믿고 불안을 내려놓으라고 다정하게 조언하는 그가 자신에게도 같은 말을 해주는 시간이다.

그렇지만 이것은 전문 직업. 마음 다스리기만으로 부족하다.

"공부해야죠. 내가 그때그때 산모에게 했던 말과 행위에 책임져야 하니까. 의료인으로 자기 확신이 있어야 하죠."

인체 근육뿐 아니라 호흡과 신경에 대해 배운다. "근육을 이완하라고 말하고 제가 인체에 관해 모르면 안 되잖아요." 조산사는 산모를 달래는 사람이 아니다. 자신이 공부하고 경험하여 얻은 확신으로 산모를 이끄는 이다.

"어제 같은 경우에는 둘째 아기를 출산하는 산모인데, 아기 머리가 보이는데 안 나오는 거예요. 계속 안 나오니까 수술해야 하나 고민하는데, 산모 자세를 살짝 바꿔놓은 것만으로도 5분 만에 출산하더라고요. 그럴 때 내가 공부한 게 도움이 되는구나, 뿌듯하죠."

이미 맛본 사람으로서

그의 보람과 무관하게 조산사 수는 해가 갈수록 줄고

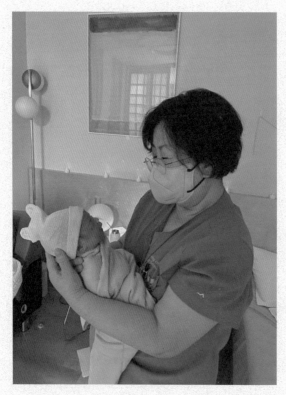

"베테랑은,
자기 자신을 다스릴 줄 아는 사람."

조산사 김수진

있다. 출생률 저하와 맞물려, 2020년에 이르러선 조산사 면허 취득자가 10명 남짓인 수준이다. 조산사 면허 존폐 논란까지 일고 있다. 산부인과도 문을 닫는 상황에 이해 못 할 것은 아니다. 하지만 조산사의 역할이 비좁은 의료 현실도 짚어봐야 한다.

6년 전, 조산사가 센터장 직함을 달고 왔을 때 자신을 반기는 사람만 있는 것은 아니었다. '의사가 있는데 왜 굳이 조산사가 필요하냐' 이리 생각하는 사람도 있었다. 지금은?

"많이 바뀌었어요. 산모들이 너무 만족해하는 걸 보니까, 의사 선생님들도 산모가 자연주의 출산을 원하면 가서 상담받아보시라고 권해요. 서로 분만을 이끄는 방법이나 고민도 나누고요."

자신의 노력이 인정받았다는 사실보다, 출산에 관한 인식 변화를 이끌었다는 데 뿌듯함을 느낀다. 한국은 일본, 미국 등에 비해 제왕절개 비율(출생아 대비)이 20~30퍼센트정도 높은 국가이다. 그만큼 출산 행위에 의료 개입이 높다는 것을 방증한다. 이런 현실에서 김수진은 꿋꿋이 자신의 영역을 넓히고 있다.

그가 내내 한 말이 있다. "산모들이 저보다 더 잘 알아요." 여성이 임신 출산 과정에서 소외되는 것이 싫어 자연주의 출산 일을 시작한 그였지만, 자신도 매번 새롭게 깨닫는다. 기회만 주어진다면 여자들은 누구보다 자신의 몸을 잘 아는구나.

"저도 늘 배워요. 책에 나온 것이 전부가 아니다. 여성의 몸을 존중하고 잘 읽어야 하는구나."

산모가 출산의 주체라는 말은 분만의 순간에 국한되지 않는다. 조산사는 임신부가 자신의 건강을 스스로 관리하고 출산 계획을 세우도록 조력한다. 임신부터 출산까지의 과정에서 산모의 결정권을 존중하되, 그 판단은 의료적 지식과 임신부와의 지속적인 상담을 통해 얻어진 정보를 바탕으로 한다. 배움과 숙련이 쌓여간다.

경험과 숙련이 쌓여가는 만큼, 이 과도한 노동을 유지하기엔 체력이 아슬아슬하다. 그가 산모들에게 이 완만큼 자주 말하는 것이 '균형'. 그 자신도 균형을 맞추기 위해 힘쓴다. 경험과 체력, 숙련과 집중력. 그 반비례 곡선에서 균형을 잡는다. 그리고 자신하기도 한다.

"이 일을 할 수 있는 가장 큰 이유는 나이가 차곡차곡 들어서인 거 같아요. 살아가는 일이 오래될수록 기쁨도 고통도 다 겪잖아요. 그걸 이미 맛본 사람으로, 누군가 격정의 감정을 맛보는 그 출산을 도울 수 있는 거 같아요."

인터뷰 후기
생명과 존중에 대하여

조산사 김수진을 만나고, 그의 직업에 관한 글을 완성했다. 언론사에 원고를 넘기고 한숨 돌렸는데, 10월 29일이었다. 150여 명이 압사로 목숨을 잃었다. 한 생명이 태어나는 데 얼마나 긴 시간과 애씀이 필요한지를 불과 며칠 전에 알게 됐는데, 수많은 생이 단숨에 꺼지는 일을 본다.

신형철 평론가는 저서 《인생의 역사》에서 히라노 게이치로의 말을 빌려왔다.

"한 사람을 죽이는 행위는 그 사람의 주변, 나아가 그 주변으로 무한히 뻗어가는 분인끼리의 연결을 파괴하는 짓이다."[1]

이 말 덕에 그는 비로소 "죽음을 세는 법"을 알게 되었다고 했다.

"왜 사람을 죽이면 안 되는가. 누구도 단 한 사람만 죽일 수는 없기 때문이다."[2]

그곳에서 애도는 출발한다. 연장선상에서의 비교가 여러모로 무례한 일일 수도 있지만, 그의 말을 빌려 말한다. 탄생을 세는 법을 알게 되었다고.

한 생이 세상으로 나오기까지 어떠한 시간과 감정, 그리고 노동이 들어가는지 조산사를 통해 엿보았다. 환대화 환희. 이 단어들을 앞세우기 위해 견뎌야 하는 통증과 외로움. 이를 견디게 하는 의존과 믿음. 내가 아무리 출산과 돌봄에 관해 아는 것

---

[1]   신형철, 《인생의 역사》, 난다, 2022, 132쪽.
[2]   위의 책, 132쪽.

이 없다고 해도, 이 탄생의 순간에 투여된 것보다 몇 배가 넘는 인내와 노동이 돌보고 기르고 함께 살아가는 과정에 들어간다는 것은 안다.

참 쉽게 사라진다. 무수한 생이 단숨에 사라지는 일은 가슴을 부여잡고도 삶을 휘청이게 한다. 그리고 야금야금, 일 하다가 너무 많은 이들이 병들고 목숨을 잃는다. '한 해에 2000명이 일하다 죽는'이라는 문구는, 관용어도 아닌데, 10년이 넘도록 변하질 않는다. 단 한 사람만 죽일 수 없으니, 단 2000명이 사라진 것이 아니겠다.

태어나는 일도, 살아가는 일도, 사라지는 일도, 그리고 애도하는 일도 존중 속에 이뤄지길 바랄 뿐이다. 한 생명이 태어나 처음 닿은 손길이 누군가의 진정한 노동이라면, 존중받았다.

안마사

최금숙

"내가 마음을
어루만지는 일을
하는구나"

들어가며

"만졌는데 근육이 잘 풀리면 '성격이 좋으시네요'
그래요. 주인 닮아서 근육이 착하나 봐요.
웃으려고 하는 소리예요."
20년 경력 안마사 최금숙이 해준 이야기. 그는 상대의
어깨를 살짝 쥐듯 만져보더니 흰 수건을 대고 모지(엄지
뼈마디 부분)를 이용해 꾹 누른다. '압을 준다'고 한다.
"저희는요, 근육을 만지면 그 사람이 어떤 자세를
주로 하는지 알아요."
근육 모양으로 평소 취하는 자세를 알고, 그 자세로부터
직업을 안다. 뭉친 근육만 아는 게 아니다. 속이 허한지,
소화는 잘되는지, 물은 많이 마시는지. 보이진 않아도 이
사람 몇 살쯤 되겠구나, 알 수 있다고 했다.
"평소에 이렇게 누워 주무시지요? 어깨를 만져도
지금 다리를 어떻게 하고 누웠는지 알 수 있어요.
다리부터 목, 어깨로 근육이 이어지거든요."
인체의 신비다. 20년 전, 서른여덟의 최금숙은 이
신비로움에 빠졌다. 해부도를 본떠 만든 인체모형을
손으로 더듬으며 몸을 알아갔다. 미세하게 튀어나온
혈관과 결을 달리하는 근육이 손끝에 느껴지면 즐거웠다.
절실한 만큼 그랬다. 6년 만에 나온 세상이었다.

베테랑의 몸

앞이 안 보여 불 꺼진 줄 알았는데…

"1997년도에 시각장애인 되고 집에만 있다가, 안마를 배워서 일할 수 있다는 얘기를 들었어요."

이 짧은 문장에는 많은 이야기가 숨어 있다.

"병실에 있는데, 갑자기 앞이 안 보이는 거예요. 내 눈이 그런 줄 모르고 엄마가 불을 끈 줄 알았어요. 불 좀 켜달라고."

며칠 전부터 열 감기 증상이 있었다. 딸 아이들과 함께 있었는데, 어느 순간 의식을 잃었다. 깨어나 보니 응급실이었다. 결핵성 뇌막염이라고 했다. 열이 떨어지지 않아 병원에서 나올 수 없었다. 그러던 한 날, 앞이 보이지 않았다. 고열에 시신경이 손상된 것이다.

이후 많은 것이 변했다. 빛과 색으로 구분되는 세상이 아니라 그의 눈앞엔 낯설고도 어스름한 풍경과 잔여물, 어둠이 교차했다. 보이지 않는 세상은 낯설고 두려웠다. 그래서 꼼짝할 수 없었다.

"나쁜 생각도 많이 했어요. 이 젊은 나이에 평생 이러고 살아야 하나."

최금숙은 자신이 왜 존재해야 하는지를 생각했다. 존재할 이유를 찾으려면 자신의 쓸모를 새로이 찾아야 했다. 당시 많은 시각장애인이 그 쓸모를 '안마'에서 찾았다. 안마수련원에서 기술을 배우면 국가 공인 자격이

주어진다고 했다. 그것을 업 삼아 살라고 했다. 그 말에 6년 만에 문을 열고 나왔다. 그를 기다리는 것은 머나먼 통학 길이었다.

"도봉구 아시죠? 도봉역에서 1호선을 타고 도봉산역으로 가서 7호선으로 갈아타고 건대입구역까지 가서 거기서 2호선을 타고, 안마수련원이 있는 역삼역까지 가는 거예요. 진짜 어떻게 다녀야 하나. 우리 여동생 직장이 군자역 쪽이었어요. 도봉산역에서 동생을 만나면 건대입구역에 저를 내려줘요. 그때부터는 혼자 가야 하는데. 올 때는 같이 수업 듣는 동료 중에 약시인 분들이 있어요. 거기에 섞여 가요. 그 사람들 가는 쪽으로 따라가는 거예요. 종로3가로 간다고 하면, 거기서 나 1호선 태워주라 하고. 굉장히 힘들었어요."

2년을 다녔다. 2500시간 이상 수업을 들어야 안마사가 될 수 있다고 했다. 2000년대 초반, 장애인활동지원사 제도조차 없던 때였다. 혼자 가야 하는 길이 막막해서 구청에 연락해봐도 반응은 냉담하기만 했다.

"그래도 저는 이걸 눈물을 머금고 해야 한다고 생각했어요."

2500시간 수업 듣고 안마치료사 되다

모든 것을 다시 배워야 했다. 배우지 않고는 할 수 있는 일이 없었다는 말이기도 했다. 글자(점자)를 배우고, 걷는 법(독립 보행)을 배우고, 문 여는 법을 배우고, 가스레인지 켜는 법을 배우고, 식사하는 법을 배웠다.

"반찬 하는 것도 수업 때 알려줘요. 수업에서 꼼꼼하게 가르쳐주진 않지만, 동료들끼리 서로 알려주는 게 더 많죠. 서로들 이야기하면서 나는 이렇게 한다, 너도 이렇게 해봐라."

살림을 배우고 자신의 생존을 책임지는 법을 배운다. 혼잡한 인파를 헤치고 가서 사는 법을 배우지 않는다면, 방 안에 혼자 틀어박혀 있던 시간으로 돌아가야 했다.

"과정을 배우면서 우등상을 놓쳐본 적이 없어요."

다행히도 배우는 일은 즐거웠다.

"생전 처음 배우는 거잖아요. 해부학부터 배워요. 우리 때는 시침도 배웠어요. 내 몸에다 내가 침을 찌를 때는 얼마나 아픈지 몰라요. 무서워서 발발 떨며 했어요. 그래도 너무 기뻤어요. 내가 이걸 해서 사람들 사이로 나갈 수 있구나."

세상에 나갈 준비를 마친 최금숙이 구한 첫 직장은 안마시술소였다. 실망스러웠다.

"그때는 시각장애인이 갈 수 있는 곳이 몇 군데 없던 상황이었어요. 야간 업소 이런 데도 있고. 가보니까 너무 열악해요."

안마사들을 고용했지만, 염불이 아닌 잿밥에만 관심이 있는 업소였다. 안마사들에게 제공하는 식사마저 부실했다.

"눈이 안 보이니까 어떻게 해도 된다고 생각한 거겠죠. 원장하고 많이 대립했어요. 힘든 일 하는 안마사를 왜 이렇게 대우하냐고."

그만뒀다. 다른 곳에 가봤자 비슷하겠다고 생각해서 직접 안마원을 차리기로 했다. 그의 표현대로라면, 과감했다.

"원래 가만히 있는 성격이 아니에요. 뭔가 일을 저지르곤 해요."

시각이 손상되기 전에는 보험설계사로 일했다. 사람 만나는 일을 직업으로 삼을 정도로 친구도 많고 여럿이 어울리는 걸 좋아했다. 활달하고 씩씩했다. 생계와 육아를 동시에 책임지면서도 어려운 줄 몰랐다. 자신을 가두었던 끈이 풀리자 예전 성격이 슬금슬금 나오기 시작했다.

낙성대역 부근에 안마소를 차렸다. 얼마나 꼼꼼하게 자리를 알아봤던지, 서울 곳곳을 돌아다녔다. 그러다가 역에서 거리도 가깝고, 인파도 많고 그리고 무엇보다 집에서 멀리 떨어진 곳을 발견했다. 마음에 들었다.

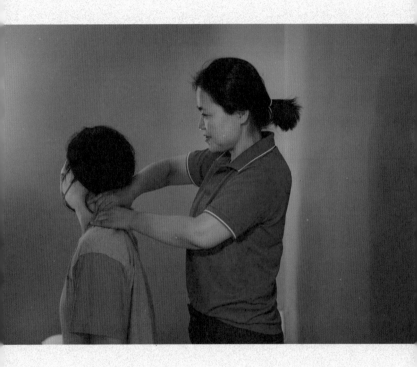

집과 멀어야 했다.

"저 나름의 재활이고, 독립이었죠."

어머니와 자매들의 손을 빌리지 않고 혼자 힘으로 꾸려가고 싶었다.

"혼자 힘으로 하려니까 힘이 들긴 했어요. 안마하면서 전화도 받고 예약도 받아야 하는데, 인터넷도 할 줄 모르고. 그래도 거기서 사람들 만져주는 보람을 알았어요. 참 즐겁게 일했어요."

사무는 수련원에서 만난 약시 동료가 도와주었다. 대학이 인근에 있어 운동하다가 몸을 다친 체육과 학생이 많이 왔다. 젊은 사람들에게 세상 돌아가는 이야기를 듣는 일이 즐거웠다. 그래도 으뜸은 어르신들과의 대화였다. 정부에서 몸이 불편한 노령층에 안마 바우처(이용권) 제도를 시행한 뒤, 어르신들을 만날 일이 늘었다.

"연세 많으신 분들 안마하러 출장도 다니는데, 와상환자들이 있어요. 그분들은 늘 누워 있잖아요. 제가 눈 그렇게 되고 1년을 열이 안 떨어져서 병원에 있었어요. 누워 있어 보니 그게 보통 힘든 일이 아니에요."

사람이 한 자세로 오래 누워 있다 보면 관절이 굳는다. 욕창이 생기기도 한다. 살이 무르도록 거동할 수 없는 사람의 심정을 그는 어렴풋이 안다.

"그분들이 움직일 수 없는 근육을 제가 만져준다는 생각으로 해요."

일 자체는 힘들다. 애초에 안마는 힘이 많이 들어가는 작업이다. "만져지지 않는 근육이 많아요." 속 깊이 자리 잡은 근육이 있다. "그럴 땐 압을 깊숙이 줘야 해요." 무작정 손에 힘을 준다고 되는 일이 아니다. 자세에 따라 만져지는 근육이 다르다고 했다. 그러니 안마 받는 사람을 모로 눕히기도 앉게도 한다. 거동이 어려운 사람을 시술할 때는 그 작업을 안마사가 할 수밖에 없다. 팔을 들어 올리고 다리를 세우고 옆으로 눕히고. 그럴 때마다 힘을 쓴다.

그래도 즐겁다. 방 밖으로 나오지 못하던 시절, 주변에선 안마 일을 권했다. 이 일이 직업이 되고 봉사도 된다고. 내가 지금 이 몸으로 누굴 도울 수 있을까 싶다가도 그 말이 참 끌렸다. 어느덧 그 말처럼 살고 있다.

"거기 어머니들 너무 진짜 너무 예뻐요. '치매(알츠하이머병)'인 분들이 많고요. 파킨슨병 때문에 못 걷는 분들도 있고. 그런 분들을 내 엄마 같다, 진짜 내 엄마다, 생각하고 하니까. 나도 마음이 좋아요."

어르신들이 자신을 기다려 들려주는 이야기가 좋았다. 아픈 곳만 징얼거리는 게 아니다. 그의 손을 따라 노곤하게 풀리는 근육처럼 지난밤 꿈부터 살아온 세월

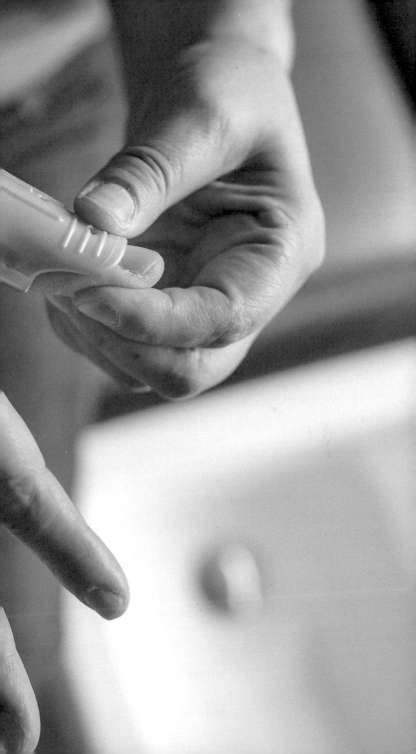

까지 하나둘 이야기를 꺼내놓는다.

"내가 몸을 만지는 게 아니라 마음을 만져주는 그런 일을 하는구나."

아로마에 도전하다

직업도 되고 봉사도 된다는 일을 한 지 20년. 그런데도 최금숙은 계속 배운다. 여전히 도전 중이라 한다.

"도전 중 하나가 뭐냐면, 시각장애인은 보통 아로마 마사지 하는 걸 두려워해요. 손에 힘 주고 압 주는 것을 버릇으로 했는데, 오일을 바르면 손이 미끄러져요."

낯선 감각은 두렵다.

"오일이 바닥에 흐르기라도 하면 무섭잖아요."

새로움이 시각장애인에겐 위험으로 다가올 때가 많다. 파악되지 않은 동선, 정해진 곳에 놓이지 않은 사물…. 그리고 새로운 기술과 도구는 그들이 애써 얻은 익숙함을 흐트러뜨린다. 하지만 그는 달랐다.

"아니 배우면 되지, 왜 못해요. 시각장애인이라서 못한다고 생각하면, 안마도 뭣도 아무것도 못해야죠."

최금숙은 씩씩하게 아로마 마사지를 배우러 갔다. 강의실에 자기 혼자 시각장애인이었단다. 어떻게 수업을 들었나 싶은데, 오히려 강사는 설명을 단번에 알아

듣는 그를 편하게 여겼다고 했다.

"우리는 이미 근육을 세세하게 알잖아요."

만져야 하는 근육을 잘 찾아냈다.

"근육이 일자로만 연결된 게 아니에요. 이 근육 하나를 잡아주기 위해 지그재그로 이 속에 다른 근육이 들어가 있어요."

근육을 만지는 손동작은 수강생 짝지의 손을 만져 익혔다. 어디를 이용해서 힘을 주는 걸까. 종종 다른 사람에게 안마를 받을 때도 안마를 잘한다 싶으면 그가 취했을 손 모양을 떠올린다고 했다. 집에 와서 그 동작을 취해 꾹 눌러본다. "정확하게 만지면, 아 아까 그거구나." 지금 함께하는 배우자도 안마사인지라 서로의 몸을 눌러주며 연습을 한다. 그렇게 기술을 익혔다.

요새도 틈만 나면 안마 수업을 들으러 간다. 수련원에서 2년간 안마에 홀딱 빠져 지냈지만, 막상 현장에 투입되니 그것만으로 안 되더란다. 사람 몸이 가지각색이었다. 심지어 근육 뭉치는 모양새도 다르다.

"독소(활성산소)가 뭉쳐서 근육을 만지면 볼펜 촉처럼 뾰족뾰족하게 나온 사람도 있고, 어떤 사람은 모래밭처럼 까끌까끌한 게 자글자글해요. 그건 근육이 많이 손상됐다는 이야기예요. 만져서 아스팔트처럼 매끄럽게 해줘야죠."

아로마, 경락, 스포츠, 산모 관리 마사지…. 자신이 배운 안마 기술을 나열한다. 안마사로 살아야 한다면, 그 영역에서 최고는 되지 못하더라도 모르는 것은 없고 싶었다.

"내가 치료사인데, 아픈 사람이 묻는 걸 모르면 그건 치료사가 아니잖아요."

그의 손길에 몸도 마음도 풀어진 사람들이 고맙다고 한마디 인사라도 건네면 그의 마음도 노곤하게 풀어졌다.

금방 괜찮아져

지금이야 덤덤하게 말하지만, 혼자 살아내는 일은 쉽지 않았다. 겨울밤에 보일러가 작동되지 않은 적도 있었다. 그때는 어머니 집에서 나와 독립을 한 상태였다. 멈춰버린 보일러는 점자 표시를 읽는다고 해결될 문제가 아니었다. "엄마, 나 혼자 살아볼게" 하고 나온 지 얼마 되지도 않을 때였다. 도움을 청하고 싶지 않았지만, 점차 집이 냉골이 되어갔다. 결국 일산에 사는 언니네를 불렀다. 그 일이 있고도 그는 어머니에게 돌아가지 않았다. 홀로 선다는 것은 그만큼 중요한 일이었다.

시력이 손상되기 전, 그는 제주에서 아이들과 함께 살았다.

안마는 근육을 세세히 만지는 섬세함과 집중력이 필요하다. 손가락 힘으로 잘못 누르다간 내 손이 다치기 일쑤이기 때문에, 안마하는 몸과 안마를 받는 몸을 두루 살펴야 한다.

안마사 최금숙

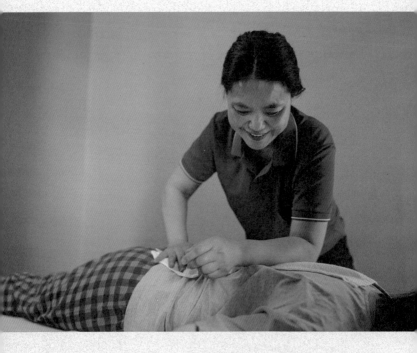

"베테랑은,

자기 일에 모르는 것은 없는 사람."

베테랑의 몸

"사실 제가 병원에서 치료를 거부했어요."

열은 떨어지지 않았고, 눈이 보이지 않은 채 살아야 하는 일은 겁이 났다.

"우리 아이한테 전화가 온 거예요. 큰애가 그때 5학년이었거든요. 초등학생이었는데. '엄마, 엄마. 빨리 와요. 엄마 보고 싶어요' 그러는 거예요. 그래서 제가 '이제 엄마는 우리 딸 손도 못 잡고 걷고, 학교도 같이 못 가고, 놀이공원도 못 가고, 친구들이 많이 놀릴 건데. 엄마는 이제 우리 딸도 못 보는데, 괜찮아?' 이랬어요. 제가 그랬더니, 딸이 '괜찮아, 엄마는 못 봐도 우리는 엄마 볼 수 있잖아' 이 소리를 하는데 얼마나 울었는지 몰라요. 너무 아이에게 부끄럽고 정신이 번쩍 나더라고요."

하지만 그 후로 볼 수 없었다. 아이들 아버지가 데리고 떠난 것이다.

"좀 지난 일인데, 우리 딸이 운전을 하다가 좀 다쳐서 왔어요. 병원에 아무리 가도 안 낫는데요. 괜찮아, 엄마가 만져주면 풀어져. 금방 괜찮아져."

세월이 흘렀고, 괜찮아졌다. 어느 날엔 큰딸이 슬쩍 말하더란다. 엄마가 자랑스럽다고. 25년 전, 이런 엄마인데도 괜찮겠냐고 묻던 최금숙은 이제 자녀들에게 "괜찮아져"라고 말해주는 사람이다. 이 말을 건넬 수 있을 만큼 지켜온 세월이 있다.

혼자 힘으로 어떻게든 안마소를 운영하려고 버티던 세월도 지나, 이제 그에겐 동료들이 생겼다. 안마 기술에만 갈증이 인 것이 아니었다. 안마소 운영 방식도 알고 싶었고, 자신과 같은 사람들은 어떻게 삶을 꾸려가는지도 궁금했다. 그러던 중 참손길공동체협동조합을 알게 됐다. 국내 최초로 시각장애인 안마사들이 주체가 되어 꾸린 협동조합이라는 타이틀에 끌렸다.

"우리 일자리를 우리 스스로 만들어간다는 마음으로 설립을 했더라고요. 그 길을 앞서 만들어가는 대열에 나도 함께했으면 좋겠다는 생각이 들었어요."

7년 전 가입을 했다. 혼자일 때보다 기술도, 사업체 운영도, 세상 돌아가는 일도 더 체계적으로 배운다고 했다. 협동조합과 지자체가 협약을 맺어 지역사회 노년층을 대상으로 '돌봄 안마'라는 프로그램을 진행하기도 한다. 그렇게 코로나19 사회적 거리두기 시기를 헤쳐나갔다. 그리고 현재 최금숙은 협동조합 소속 안마원을 운영 중이다.

냉담하지 않기 위해

20년 세월은 20년 경력이 되어 돌아왔다. 다만 몸도 나이가 들었다.

"손가락 힘으로 누르면 안 돼요. 그러면 다쳐요. 여기에 몸의 무게를 싣는 방식으로."

말은 이리해도 오른쪽 엄지가 부어 있다. 안마는 손을 많이 쓰는 일이라, 업보처럼 손가락 통증이 따라온다. 다른 사람 몸을 고친다고 하지만, 안마란 하는 사람에겐 통증을 동반하는 일이다. 안마 일을 막 시작했을 때는 손이 늘 퉁퉁 부어 있었다. 그러다 손가락 뼈마디가 두꺼워지고 힘줄이 튀어나오고 그렇게 힘을 버티게끔 손 모양이 잡혔을 때 비로소 통증이 줄어들었다.

하지만 나이가 드니, 다시 손가락이 말썽이다. 그는 대화를 나누는 도중에도 연신 손가락을 주물렀다. 습관이 되었다고 했다. 손을 조심해서 사용한다고 하지만, 지금도 밤 10시, 11시에야 퇴근을 한다. 안 아프고 배길 리가 없다. 몸을 써서 일할 수 있는 날이 앞으로 길게 남진 않았다. 100세 시대에 무엇을 다시 직업 삼아야 할지 고민이라고 했다.

20년 전, 최금숙이 세상에 나올 수단은 안마밖에 없었다. 시각장애인에게만 안마사 자격을 한정하는 법(의료법 제82조)이 합당한가 하는 논쟁이 계속되고 있다. 세상이 바뀌었다는 것이 주장의 근거이다. 달라지긴 했다. 직업을 안마사로 국한하지 않고 진로를 확장하려는 젊은 세대의 움직임이 있다. 전통적 일자리를 지키려는 시각장애인들 사이에서도 협동조합 같은 공동체가 만들어진다. 그러나 변하지 않은 것이 있다.

그와 처음 인사를 나눈 자리에서 나는 음성인식 기기가 널리 쓰이는 현실을 이야기했다. 그 덕에 사회생활이 좀 수월해졌겠다는 말이었다. 코로나19 시기 급격히 늘어난 무인정보단말기(키오스크)를 잊었다. 점자 표시 없이 매끈한 액정 화면이 가득한 세상이다. 그가 활동지원사도 없이 혼잡한 지하철역에 흰 지팡이 하나 들고 선 그 시절처럼, 지금도 우리는 누군가에게 냉담하다. 변했다는 세상은 이들이 사회로 나올 수단을 얼마나 마련해놓고 있을까.

베테랑의 몸

인터뷰 후기

손상된 몸과 어떤 환상들

베테랑을 찾자고 했을 때, '손상된 몸'과 함께 일하는 이들의 이
야기도 해야겠다고 어렴풋이 마음먹었다. 1만 시간을 한 분야에
투자하면 그 분야의 베테랑이 된다는 1만 시간의 법칙을 믿고
산 적도 있는데, 일의 세계에 나와보니 진공 상태에서 하는 소리
였다. 1만 시간 동안 한 분야에서 꾸준히 기술을 쌓는 것은 누
구에게나 쉽지 않은 일이지만, "그 시간을 채우는 데 저항을 더
(덜) 받는 정체성과 사회적 지위"[1]가 있었다. 거기에는 성별과
사회·경제적 자원, 그리고 몸의 손상 정도가 관여했다.

　　세상은 성실을 능력으로 치환한 사람에게 박수를 보내지
만, 이때의 성실이란 몸에 손상을 입지 않은 사람들 사이에서의
기준이고, 능력을 둘러싼 서사는 '정상 몸'에서 시작해 '정상화
된 몸'으로 끝난다. 손상을 입은 이가 성실을 확보하려면 "이걸
눈물을 머금고 해야 한다고 생각했어요" 같은 설움에 찬 결심이
필요하다. 그 결심만으로 이뤄지는 일도 없다. 그의 성실 앞에는
온갖 사회적 '장애'가 놓인다. 그럼에도 성실을 획득하고 자립하
고 관계를 회복한 이가 내게 이야기를 들려주었다.

　　잘 들었고, 그래서 잘 써야 하는데, 이 글을 쓰기가 너무
어려웠다. 그에 대해 잘 모르기 때문이었다. 최금숙이 '보이지 않
는다'고 말하는 세상을 모른다. 내가 머무르는(아니 머물러 있다
고 믿는) 세계는 질병에 대해 "가혹하면서도 감상적인 환상"[2]이

[1]　　희정, 《일할 자격》, 갈라파고스, 2023, 155쪽.
[2]　　수전 손택, 이재원 옮김, 《은유로서의 질병》, 이후, 2002, 15쪽.

있는 존재하는 곳이다. "질병은 은유가 아니라는 점."❸이 당연한 사실은 자주 잊힌다.

그런 까닭에 글에서 이런 단어들을 지웠다. 캄캄한, 까맣게, 어둠 속에. 이런 문장도 지웠다. '그의 세계가 어둠으로 가라앉았다.' 비시각장애인들의 우스꽝스러운 착각에 대해 알게 되었기 때문이다. "선천적 시각장애인의 경우에는 대체로 눈멂을 어둠 또는 암흑과 동일시하는 것을 특히 우스꽝스럽게 여긴다."❹

눈멂과 봄이라는 빛과 어둠의 '근본적 이분법'은 비(시각)장애인 상상 속에 자리 잡은 것이다. 그 이분법은 시각장애인의 경험이 아니다. 나는 눈이 먼 사람들의 세계를 모른다. 이들에게 '당신은 지금 어떻게 빛과 사물, 그리고 어둠을 감각합니까?' 물은 적 없고, 그 답을 듣는다 해도 한두 번으로 쉬이, 그러니까 어떤 오해도 없이 이해가 될 문제도 아니다.

이 사회는 장애와 질환의 문제를 가혹한 환상의 영역에 가둬두지만, 사실 청각과 함께 시각장애는 흔한 신체 변화 중 하나이다. 2021년 등록된 시각장애인의 숫자는 25만 1620명. 장애 유형으로 따르자면, 지체장애와 청각장애 다음으로 많은 수이다. 시각장애가 나이 듦에 따라 오는 자연스러운 현상이라는 것은 시각장애인 중 60~70대가 가장 많다는 사실만 봐도 알 수 있다.❺

코로나19 시기 재난지원금으로 저소득층이 가장 많이 구매한 제품이 안경이었다는 이야기를 들었다.❻ 눈이란, 취약하지

❸   위의 책, 15쪽.
❹   M. 리오나 고댕, 오숙은 옮김, 《거기 눈을 심어라》, 반비, 2022, 20쪽.
❺   김응수, 〈국내 시각장애와 저시력 현황〉, 《대한의사협회지》, 65권 11호, 2022, 727-732쪽.
❻   박재용, "우영우는 부자집만 가능하다-장애의 불평등", 얼룩소, 2023.06.21, https://alook.so/posts/XBt3WLG

만 생활에 치여 돌봄을 후순위로 미뤄두게 되는 신체 기관이다. 우리 몸이 닳아가는 과정에서 생기는 손상(장애)은 흔하다. 흔한 만큼 이야기되고 있지 못할 뿐이다.

빛과 어둠을 이분법적으로 구분하는 것처럼, 건강한 신체와 장애를 지닌 신체를 구분하는 것도 어쩌면 환상이겠다. 우리는 소진되고 손상 입으며 살아간다. 장애를 지닌 채 베테랑이 된 이를 만났지만, 베테랑이 된다는 것은 몸에 손상을 입는다는 것과 같은 말이 아닐까 생각하게 될 때가 있다. 손가락이 굽고, 허리가 망가지고, 인대가 나간다. 눈이 시리고, 귀가 얼얼하고, 속병이 든다.

노동하며 닳아버리는 몸을 지닌 인간과 일하지 않고 살아갈 수 없는 세상이 공존한다. 그 공존이 조화로워지려면 무엇이 변화해야 할까.

마필관리사

성상현

"말을 타려면
가벼워야 해요"

들어가며

말이 빠르더라. 말은 걷는데 나는 종종걸음을 쳐야 했다.
갑질나서 안 되겠다. 몇 발자국 뛰었다. 그리고 혼났다.
마주 오던 말이 흠칫 놀란 것이다.

> "지금은 망아지들이 들어오는 때라 다들
> 예민해요."

말의 시야는 350도. 인간보다 볼 수 있는 구간이 넓은
만큼 주변 자극에 더 민감하다. 특히 마장이 익숙하지
않은 망아지는 어떤 돌발 행동을 할지 몰라, 어린
말들이 갓 들어오는 시기엔 다들 긴장한다고 했다.

> "평소에는 우산도 안 들어요. 말들이 오해할 수
> 있으니."

빗방울이 떨어지고 있었다. 경마장을 안내해준 이가
말한다. 인터뷰하러 온 나와 사진작가를 배려해 우산을
챙겼지만, 다른 날엔 가랑비 정도는 그냥 맞는다고.

베테랑의 몸

모른다는 두려움

마방(훈련과 관리를 위해 말이 머무는 곳)에 걸린 화이트보드 판에 말들의 스케줄이 빼곡하게 적혔다. 이곳 경기도 과천 경마장(렛츠런파크 서울)에만 경주마 1300여 마리가 있다. 경마장은 제주와 부산에도 있다. 경주마들은 4주마다 경주에 나간다. 경주를 나가는 단 하루를 위해 매일 같이 훈련한다.

훈련이라고 하지만 노동의 시간이기도 하다. 일은 많고, 경마장은 넓고, 말을 놀라게 하지 않기 위해 움직임은 최소로 줄여야 하고. 이 세 조건이 합쳐지니 경마장 사람들의 걸음이 남다르다. 잰걸음을 놀리거나 아예 반대로 보폭을 크게 해서 걷고 있다. 이 사람들은 자신의 걸음걸이를 알고 있을까. 내 마음을 읽은 건가. 23년 차 마필관리사 성상현은 이 말을 한다.

"저는 사람들 볼 때 걷는 걸 유심히 봐요. 보행 상태를 보죠. 저 사람 어디가 안 좋네. 말 자세를 하도 보니까 버릇이 된 거예요"

순간 흠칫한다. 나는 어떻게 걸었더라. 골반이 틀어진 걸 들켰으려나. 팔자걸음은 그 탓이다. 말도 마찬가지라고 했다. 네 발로 걷는 모습만 보아도 어디가 불편한지 대강 파악이 된다. 그의 눈은 늘 말의 걸음을 주시한다. 마필관리사는 어린 말이 경주마로 설 때까지 돌보고 훈련하는 사람이다.

경마장에는 말의 주인인 마주, 말과 함께 경기를 뛰는 기수, 마방을 관리하고 경마의 감독 역할을 하는 조교사, 그리고 마필관리사가 있다. 모두가 말을 경기장에 올리기 위해 움직이지만, 그중에서도 마필관리사는 말 가까이에서 생활 전반을 케어한다. 말이 지내는 구사를 관리하고, 먹이를 챙기고, 목욕시키고, 치료하고, 재활을 돕고, 안장 등 장구를 체크하고, 정기검진을 받게 한다. 이 순간 말의 상태와 기량에 맞는 적절한 지원과 훈련이 무엇인지도 판단한다. 그러니 몸을 보고 자세를 보고, 눈을 본다.

말의 눈망울은 까맣다. 어디에선가 말의 눈망울에 비친 마방의 풍경을 찍은 사진을 본 적이 있다. 인간과 보는 방식이 다른 말의 눈에 마방이 실제로 그리 보일까 싶지만, 그 말도 자신이 어디에 있는지는 알고 있겠지. 마장은 여러 칸막이로 나눠져 있다. 그 칸마다 말이 있고, 문 앞에는 말의 이름과 생년월일, 성별, 탄생 국가 등 정보가 적혀 있다. 테마○○이라는 말의 아버지는 테이크○○○이고 어머니는 미스트○○이구나.

"얘네들은 혈통이 중요해요."

설마 그럴까 싶지만, 아버지 말이 달리는 속도만큼 자녀 말이 속력을 내는 경우가 많다고 했다. 이 말의 부

↓   말과 마필관리사가 가장 많은 시간을 보내는 마방의 풍경. 마필관리사들이
일렬로 늘어서 있는 마구를 오간다.

모도 경주마였다는 소리. 대를 이어 마방에 산다. 칸막이 안에서 어떤 말은 내게 관심을 보이고 어떤 말은 무심하다. 관심을 보이든 무심하든 가까이 가면 안 된다. 물린다.

"시골 출신이라 동물은 늘 가까이했어도, 말은 처음 봐서. 여기에 와서 말을 처음 접하고 좀 당혹스러웠죠. 크기도 크지만. 말이 위험하기도 하고요. 안전사고도 많이 나요. 이 개체를 접해보지 않았으니까, 모른다는 두려움이 컸던 것 같아요."

나 또한 마장에서 가장 많이 들은 주의사항은 말 뒤쪽에 서 있지 말라는 것이었다. 뒷발에 차일지도 모른다.

"말은 초식동물이라 자신을 보호하려는 습성이 있어요. 그러니까 자기도 모르게 차는 거예요."

말 한 마리 무게가 500킬로그램을 가볍게 넘는다. 말은 그에게 어려운 존재였고, 주변에선 사고가 잦았다. 발굽에 차이고 말 위에서 떨어지고. 마사회 안에는 늘 응급차 두 대가 대기해 있다. 이곳 과천에서만 한 해 100명 넘게 병원으로 이송된다.❶ 마필관리사와 기수의 수를 합치면 550여 명이니, 5명 중 1명꼴이다. 이건 응급차로 실려갈 정도의 큰 산재 사고만을 추린 숫자이

---

❶ 수치를 보자면, 2019년 과천 경마장의 후송률 17.1퍼센트, 부산 경마장 응급센터의 후송률 12.4퍼센트, 제주 16.5퍼센트이다. (출처: 한국마사회, 2020)

다. 찢어지고, 멍 들고, 골절되고. 참을 만하거나 제 발로 병원에 갈 만한 부상은 들어갈 자리도 없다. 그러니 입사 초반, 많이들 떠난다.

"'이 일을 계속해도 되나? 이 일이 과연 내 일인가?' 그런 생각을 많이 했죠."

지금이야 출퇴근 시간이 정해져 있지만, 그가 젊었을 때만 해도 해가 뜨기 전에 말을 돌보는 것이 상식으로 통했다. 밤새 굳은 말의 몸을 서둘러 풀어주는 게 중요하다 여겼고, 그래서 지금도 이른 아침부터 말의 운동을 시키느라 분주하다. 이때가 경마 훈련장이 하루 중 가장 북적이는 시간이라 했다. 해 뜨는 시간에 맞추다 보니 계절별로 출근해야 하는 시간이 달랐다. 요즘은 아침 6시에 출근을 한다. 한 달에 두어 번씩 하던 밤샘 당직이 사라진 것은 주 52시간 근무제가 도입된 이후였다.

"이건 내 일이 아닌가 보다. 진짜 못 다니겠다 싶었는데, 마필관리사는 기승자(운동 조교)와 비기승자(순치 조교)로 나뉘어요. 기승자는 말을 타고 같이 훈련하는 역할을 해요. 기승자가 되려고 교육을 받으면서 '아, 말이 이런 것이구나', 그때부터 흥미가 생겼던 것 같아요."

안 그래도 마방을 어슬렁거리다가 들은 이야기가

있다. 다들 제 할 일을 하느라 부산했지만, 그래도 슬쩍 이것저것 물었다. "말을 좋아하나요?"라고 했을 때, 한이가 말했다.

"말 안 좋아하면 이 일 못 하죠."

"처음부터 좋았나요?"

"여기는 처음부터 말이 너무 좋아서 어쩔 줄 모르는 사람이거나 버티다가 말에 정이 든 사람으로 나뉘는 거 같아요."

성상현은 후자였다. 19세에 직장생활을 시작했다. 고3 현장실습생이었다. 군대를 다녀와 20대 중반이 되기까지 제철소, 제본소, 제과업체 영업직 등 많은 일을 거쳤다. 그러다가 지인의 소개로 경마장에 들어갔다.

"2001년 첫 계약직 세대죠."

동물을 대하는 직업은 처음이었다. 그전까지 마필관리사라는 직업이 있는 줄도 몰랐다. 자동차도, 책도, 제과 상품도 아닌 동물이라서 어려웠다. 그리고 결국 그 때문에 지금까지 다니게 됐다.

"마력이 있는 거 같아요. 내가 한발 다가가면 한발 물러서고, 한발 물러서면 한발 다가오고. 밀당이라고 할까요? 한번 믿어주면 끝까지 사람을 믿어주고. 말이 지닌 매력이 있어요."

관계니까. 그의 노동은 어떤 방식으로든 한 생명체와 관계를 맺어 수행하는 일이다.

"사람이 다 다르듯이 말도 다 달라요. 한번 믿으면 한없이 믿어주는데, 한번 거부감을 느끼면 오래가기도 하거든요. 사람이 어떻게 다가가는지에 따라 관계나 반응이 다 다른 거죠."

안 그래도 그에게 갓 들어온 망아지가 맡겨진 참이었다. 태어난 지 두 해가 된 말이라고 했다. 어린 말은 제주목장 육성훈련소에서 키워졌다가 올해 4월 이곳으로 왔다. 아침 7시 조마삭(말의 훈련을 위해 말에 연결하는 끈) 운동 시간. 원형 훈련장에 어린 말이 크게 원을 그리며 걷는다. 아직 야외 훈련장이 익숙하지 않은 말들이 주로 오는 곳이다.

"정해진 길로 걷는 거. 이게 얘네에겐 어려운 일이에요."

길이 익숙해질 때까지 한참을 둥글게 돈다. 넓은 평지에 펼쳐진 트랙을 줄 맞춰 뛰는 일에 말은 어려움을 겪는다. 그래서 조마삭 훈련으로 마필관리사와 합을 맞추고 야외 훈련장으로 나가야 한다고 했다. 안 그래도 어린 말 한 마리가 계속 훈련장 바깥으로 시선을 준다. 그냥 호기심이 많은 건가 했더니, 정해진 길을 걷는

베테랑의 몸

것이 영 익숙하지 않은 게다. 어디선가 나타난 조교사가 좀 엄하게 대하라고 한 소리를 한다.

"말은 결코 직선으로 달리지 않아요."

그야, 줄 그어진 곳 없는 평원을 뛰는 동물이었으니까. 직선으로 달리는 말만 보고 커서(그래 봤자 영화에서 보았지만) 본래의 말은 어떻게 달리는지 몰랐다. 사람에게 길든 후에야 말은 직선으로 달린다.

"말 자체가 뛰는 습성이 있어요. 자기들 보호 본능이거든요. 그런 말에게 '지금은 아니야, 참아야 해' 참는 법을 알려주는 게 훈련이에요."

훈련은 빨리 뛰는 것이 아니라, 사람과 합을 맞춰 천천히 속도를 줄이는 것부터 시작한다. 마장에서는 이를 '순치한다'고 했다. 동물을 길들이는 일이다. 지금 이 망아지에게는 선을 따라 걷는 일도, 누군가가 자신의 등에 올라타는 일도, 눈가리개를 쓰는 일도 모두 낯설다. 본능을 줄이고 사람을 따르게 하는, 그리하여 경마 시스템에 말의 성질과 행동과 속력을 맞추는 이 과정에 사람의 노동과 기술이 들어간다.

"이때 마필관리사가 그냥 말 위에 타고 있는 것 같지만 손, 음성, 체중을 사용해서 계속 자극을 주는 거예요. 자극을 주면서 교감하며 달리는 거예요. 제 손 느낌을 이 친구가 알죠."

재갈 끈을 당기면 서고, 옆구리를 차면 달리는 것이 아니다.

"속도를 낮출 때도 (시속) 30킬로에서 20킬로로 한 번에 낮추는 게 아니라, 29에서 28로, 28에서 27로. 몸을 뒤로 당겨 올라탄 사람의 체중을 조절해서 속도를 줄이라는 신호 보내는 거거든요. 체중이 뭐 얼마나 달라지겠어요. 1~2킬로그램 미세한 차이겠죠. 그걸 말이 알아채게 하는 거."

이런 일이 익숙하지 않은 어린 말일수록 더 숙련된 이와 훈련하는 것이 필요하다고 했다.

"더 부드럽게 다뤄야 하니까요."

재갈이 닿는 잇몸 쪽 피부는 연하기 때문에, 초기에 힘 조절을 못하는 관리사를 만나면 여물지 않은 피부가 딱딱해진다고 했다. 그러면 나중에 기수나 마필관리사가 더 많은 자극을 줘야 소통이 가능해진다. 서로에게 힘든 일이다. 적은 힘으로 말과 소통하는 것, 그 방식을 알아가는 것이 그가 쌓은 기술이라고 했다.

이제부터 너는 경마인이다

망아지가 훈련을 시작해 경주마가 되는 데 걸리는 기간은 3~6개월. 그렇다면 사람은 마필관리사가 되는 데 어느 정도 걸리나.

"입사야 누구든 할 수 있지만, 신마(처음으로 경마에 나가는 말)를 받아 훈련해서 주행 검사에서 합격하고 경주에 첫 출전을 했을 때, 그때 '이제부터 너는 경마인이다' 하죠."

그 기간이?

"5년 정도 걸리는 거 같아요. 그게 또 끝은 아닌 게, 제가 입사했을 때 한 선배가 그랬어요. 10년 지나고 이야기하자."

10년쯤 지나야, 말에 관해 이야기 나눌 수준을 갖추게 된다는 소리다.

"말은 다 다르거든요. 수많은 케이스를 봐야 해요. 10년은 말을 돌봐야, '어떤 말을 맡겨도 이 말을 케어할 수 있겠구나' 싶어지죠. 경주에 나간다는 종착역은 같지만 거기에 도달하는 방식은 다 다르기 때문에. 경험으로 이것저것 해봐야 해요. 매 순간 판단하고."

당연하게도 말은 저마다 제각각이다. 성격도 성향도 좋아하는 것도 다르다. 그것을 눈치채는 것도 마필관리사의 몫.

"말은 표현을 다 해요. 자기가 불편한 것도. 말을 잘 관찰하면, 저 친구가 어떤 게 불편한지 이런 게 보이거든요. 그 친구의 습성을 빨리 파악하는 게 필요하죠. 저 친구는 이런 성격이니 이런 행동을 하고, 그러니까

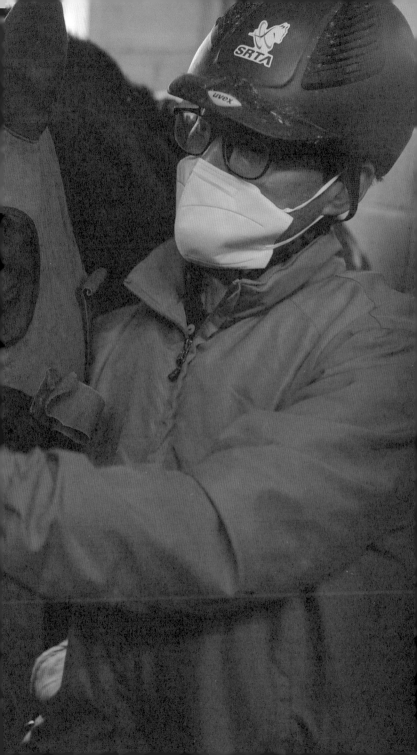

이럴 때 이런 방법을 써보자."

훈련장에 있다 보면, 마필관리사가 말에게 하는 말이 들린다. 트랙선 안쪽에서는 말발굽 소리만 울린 채 말들이 경마장을 쏜살같이 가로지르는 장면이 연출되지만, 연습을 마치고 나오는 트랙 바깥은 다소 소란스럽다.

"야, 진짜 너 왜 그러냐."

말 고삐를 잡은 마필관리사가 볼멘소리를 한다. 저 말이 오늘은 안 뛰고 싶었나. 둘 사이에 합이 안 맞았나. 그렇게 투닥거리며 트랙을 나와 마방으로 돌아가 안장을 벗기고 씻기고 몸을 살피고 건초를 넣어주고 냉찜질을 해주고. 투덜거리기도 달래기도 하소연하기도 하며 상대를 파악하고 서로 맞춰간다.

안 그래도 이 일을 해서 생긴 버릇이 있냐고 물었더니 성상현은 말버릇이라 했다.

"요즘은 고치려고 해요. 나이도 들어가는데."

경마장에 들어선 순간부터 '야야' 거리며 말과 투덕대는 것이 일상이라 밖에서도 그 말투가 나올까 봐 조심스럽다. 자녀들이 한창 어렸을 때는 아이가 위험한 것을 만지려 하면 자기도 모르게 혀를 크게 차는 소리를 냈다고 한다.

"이 소리인데요. 딱!"

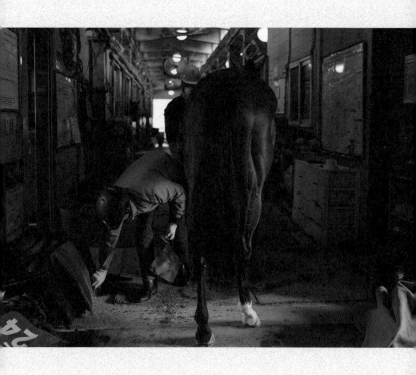

마필관리사 성상현

그가 혀를 튕기며 입천장을 쳐 소리를 낸다. 딱!(마땅한 의성어를 찾을 수가 없다) 제법 소리가 크다. 이 소리를 자기도 모르게 내고 뜨끔했단다. 말에게 하는 입소리였다. 어린이집으로 치면 "모두 박수 세 번"이나 "합죽이가 됩시다, 합" 같은 표현이겠다. 관리사들은 경주마가 네다섯 살 어린이 정도의 이해력을 지녔다고 여기는 듯했다. 그에 맞춰 소통과 훈련이 들어간다.

마장에서 선배 격인 성상현은 말의 고유한 성향에 맞춰 적절한 마필관리사를 배치하는 역할을 하기도 한다.

"사람도 성향이 있잖아요. 빠릿빠릿한 사람도 있고 여유로운 사람도 있고. 말도 그래요. 이 말이 너무 성격이 불같다. 그러면 반대의 사람을 붙여주는 거예요. 참을성도 많고 느긋한. 그런데 좀 사람을 깔보는 말이야. 그러면 유독 카리스마 넘치는 사람을 붙이는 거예요. 이 말은 소심한 말이야. 그러면 또 용기를 불러일으킬 수 있는 사람으로, 활달하고 파이팅 넘치는 마필관리사로."

같은 문제가 발생해도 말의 특성에 따라 전혀 다른 해결책이 필요할 때가 있다. 몇 대에 거쳐 경주마 혈통을 지닌 이들이라 대부분 승부욕이 불타지만, 유독 경쟁을 좋아하지 않는 순한 말도 있다. 이럴 땐 여러 말과 함께 달리게 하면서 다른 말들을 아주 작은 차이로

지거나 이기는 경험을 하게 한다. 경주의 맛을 슬슬 보여주는 게다.

나야말로 경쟁을 별로 좋아하지 않는 성격인지라 의아하다.

"승부에서 이기면 말들이 정말 좋아하나요?"

그는 어떤 의심도 없이 말한다.

"좋아하죠. 군집성이 있는 동물이라, 다른 말이 내 앞에 달리는 걸 보지 못해요."

자기들끼리의 서열 경쟁이 있다고 했다. 그리고 이 서열은 주말이면 경마장 전광판에 순위가 되어 올라간다. 경주를 위해 키워지는 말들이다. 지금의 목표는 말을 뛰게 하는 것. 하지만 그에게도 슬럼프가 찾아올 때가 있다.

"내가 조금만 뭘 더 해주면 저 말이 확 좋아질 게 눈에 보이는데, 그게 뭔지 모르겠고 안될 때. 말한테 미안하죠. 내가 조금만 너를 더 정확히 파악하면 확 성장할 텐데. 우리끼린 '손바꿈'하면 말 기량이 늘어난다고 하거든요. 말이랑 더 잘 맞는 다른 사람에게 맡기는 거죠. 그래야 하나 고민하던 때도 있고."

슬럼프에서 빠져나오는 방법을 물으니, 기본에 충실해야 한다고 답한다. 더 많이 물어보고, 더 많이 자세를 살피고, 체력 관리도 꾸준히 한다. 말이 아니라 마필관리사 그 자신이 하는 일이다.

자세가 좋아야

"말 타는 사람이 말의 움직임에 못 따라가면 말이 힘들어요. 말을 잘 탄다는 건 최대한 말의 움직임에 방해되지 않는다는 거예요. 그러려면 자세가 좋아야 해요."

승마와는 자세가 다르다. 마필관리사는 그들처럼 꼿꼿하게 등을 세우고 말을 타지 않는다. 여기선 말과 조화를 이루는 것이 중요하다. 유도, 제어, 추입. 어떤 자세건 상체가 말과 수평이 되도록 한다. 때론 납작 엎드리듯 말의 등에 몸을 밀착시킨다. 최대한 저항을 줄이는 게다. 그래야 뛰는 말에게 부담이 되지 않는다.

이때 말을 타는 사람도 말이 견디는 마찰의 압력을 함께 받는다. 500킬로그램도 넘는 말이 땅을 박차고 나가는 진동과 충격을 받아낸다. 요통과 관절염이 따라온다. 뼈마디는 말에서 떨어지고 말굽에 밟혀야만 다치는 것이 아니다. 골병이 든다. 경마를 뛰고 돌아온 말의 다리에 찜질을 하는 것도 마필관리사의 몫이다. 이 사람들이 자기 무릎엔 파스라도 붙일까 싶다. 자기 관리처럼 한다는 운동마저 나의 근육을 위해서가 아니다.

"몸이 가벼워야 해요. 말을 타야 하니까."

베테랑의 몸

"베테랑은,

말을 이해하는 사람."

호리하고도 꼿꼿한 그의 몸을 다시 보게 된다. 운동으로 다져진 몸이다. 그가 오랫동안 운동을 한 것은 자세를 만들기 위해서였다.

"자세가 좋아야 슬럼프에서도 빨리 돌아와요. 기본이 충실한 사람은 슬럼프에 빠져도 원인을 빠르게 파악할 수 있어요. 기본이 약하면 헤어나오기 어려워요."

앞서 말의 기량을 향상시키기 위해 다른 말들과 같이 훈련한다고 했는데, 이는 마필관리사에게도 통하는 소리다.

"실력을 키우고 싶으면 병합 훈련을 많이 하라고 해요."

함께 말을 타고 걸어가면 선배 눈에는 말 동작뿐 아니라 후배 마필관리사의 자세도 눈에 보인다.

"후배는 여유가 없지만, 나는 보이니까. 알려주죠. '지금 몸 중심이 너무 뒤로 가 있다. 손이 너무 뜬다. 재갈 잡는 게 억세다. 속도가 갑자기 빨라진다. 지금 말이 다른 방향으로 틀려고 하는데 눈치를 못 채고 있다' 이런 이야기를 다 해주는 거죠."

'라떼는'이지만 예전에는 기술 배우기가 참으로 어려웠다.

"기승 자격증을 따고 가도 말을 태워주지 않는 일도 많았어요."

다들 바쁘기도 했고, 막내 관리사의 실력이 늘어 잔심부름할 사람이 사라지는 게 싫기도 했을 것이다.

"새벽 4시 이럴 때 출근하던 시절인데, 저는 2시 30분에 와서 혼자 말을 탔어요. 아무도 모르게. 그렇게 타고 들어와서 말을 닦아 마구에 넣고. 남들 출근하면 그때 온 것처럼 일하고."

기능을 빨리 익히고 싶어서 그런 것만은 아니었다. 좋았다. "말과 함께 달리잖아요." 말발굽 소리를 따라 자신의 심장 박동도 빨라지는 것이 좋았다. 그 또한 응급차를 탄 적이 있다. 어깨 양쪽 근육이 파열됐다. 간호하는 가족은 당연히 걱정에 한숨에 한마디씩 하는데, 정작 성상현은 병실에 누워 이 생각을 했다. '말 보러 가고 싶다.' 그에겐 '말을 좋아하나요?'라고 물어보는 일이 의미가 없어 보인다.

말이 다르게 대해지는

"젊은 사람들이 들어오고 싶은 곳이 되면 좋겠죠."

경마·축산 학교 등 교육 기관이 늘어나 젊은 세대의 접근도가 높아진 데 비해 입사 경쟁률은 점점 낮아진다고 했다. "쉰 넘은 선배들도 말을 타요." 그도 곧 쉰이 되는 나이지만, 이곳에선 연차가 높은 편이 아니라 했다. 자신이 다니는 직장이 요즘 젊은 사람들이 선호

한다는 '워라밸'에 적합한지를 더듬어 본다. 새벽 출근과 주말 근무. 연봉은 꽤 높은 편이다. 문제는 그 연봉의 많은 비중을 차지하는 것이 승부 결과에 따른 성과금(상금)이라는 것. 연봉 차이를 사람들은 실력의 문제로 받아들인다. 마음 쓰다 보면, 훈련을 하는 4주 내내 심경이 복잡하다. 예전보다 근무시간이 크게 줄었다고 하지만 확실히 피로도가 큰일이다. 말 혼자 경주장 트랙에 들어가는 것처럼 보이지만, 실은 말을 관리해온 이도 경쟁 선 위에 선다.

그래서 과천 경마장의 마필관리사들은 개별로 받는 성과금 중 70퍼센트를 기본급으로 전환하여 마필관리사 전체의 기본급을 올리는 방식을 유지하고 있다. 반발이 없진 않지만, 그 덕에 다른 경마장에 비해 연봉 편차가 적은 편이라고 했다. 이런 연봉체계를 유지할 수 있는 것은 마필관리사들이 조교사협회에 집단 고용되어 있기 때문이다.

하지만 젊은 사람이 선호하는 것이 워라밸만은 아닐 것이다. 마장에 있는 동안 이런 소리를 여러 차례 들었다. "저희는 마권을 살 수가 없어요." 경마장 종사자이기에 승마 투표권을 살 수 없다는 당연한 이야기를 굳이 하는 까닭은 자신들의 일터가 어떻게 비치는지 알기 때문이다. 직업인으로 자부심은 개인의 기능만으로 완성되지 않는다.

성상현이 경마 경주의 발상지인 영국으로 3개월 연수를 다녀온 후, 그곳에서 본 경마 소책자들을 자체 번역해 동료들에게 나눠주었다는 이야기를 들었다. 이미 15년 전 이야기이다.

"영국은 경마에 대한 인식이 우리랑 완전히 다르거든요. 우리는 흔히 경마장 하면 도박부터 떠올리지만, 영국에선 경마가 경기이자 레저이고 문화죠. 문화로 여겨지니까. 외국에선 말이 단지 승률이 아닌, 말 자체의 고유한 특성으로 사랑받는 것 같더라고요."

당시 입사 7년차였던 성상현에게 외국의 경마장 풍경은 얼마나 놀라웠을까. 자신이 일하는 곳에 그 문화를 도입하고 싶은 마음에 여행 가방에 소책자를 잔뜩 담아 돌아왔다. 그의 표현대로라면, '경마장 풍경이 변한다면 찍어낸 듯 비슷한 모습으로 경주마를 경기장으로 보내는 일도 줄어들 것이라는 믿음을 가지고' 한 일이었다. 말이 경주 트랙 위에서만 가치를 지닌 존재가 아니라면, 그 말이 경주장으로 가는 과정에 함께하는 마필관리사들의 노동도 제대로 인정받을 거라는 기대도 있었다.

"제가 입사할 때만 해도 큰 경주를 치르고 나면 관리사들도 시상대에 올라갔는데, 어느 순간 그런 게 없어지더라고요. 그게 좀 아쉽죠."

그의 기대와 믿음은 경마장 어디에 뿌리를 내렸을
까. 경마를 둘러싼 승률 비리와 임직원의 부정 수령, 높
은 산업재해 사고율과 기수들의 죽음❷에 관한 이야기
를 떠올리며 경마장에 들어섰다. 마권을 움켜쥔 사람들
로 가득 찬 주말의 경기장이 아닌, 누군가의 일터인 평
일의 마장에서 23년차 마필관리사를 만났다. 비가 와도
우산을 쓰지 않는다는 사람들을 보며, 그들이 하는 노
동과 동물의 노동을 생각한다.

성상현에게 어떤 마필관리사가 베테랑이냐고 물었
다. 그는 "말을 이해하는 사람"이라고 말했다.

"이해할 수 있을까요?"

나는 사람이 노동의 대상으로 부리는 동물을 이해
할 수 있느냐는 질문이었는데, 그는 내 말을 다르게 이
해했다.

"인터뷰만으로 말이 이해가 되면 그건 잘못됐지
요."

그가 20년에 걸쳐 이해해보려고 하는 동물이다.

---

❷　2019년 문중원 기수가 마사회의 불공정한 조교사 채용시스템 등을 고발하는
유서를 남기고 숨졌다. 2005년 부산경남경마장(부산렛츠런파크)이 개장한 이래 7명의
말 관리사, 기수가 연이어 스스로 목숨을 끊었다.

인터뷰 후기
수단과 관계, 그 사이

마방에서 "말을 좋아하나요?"라고 묻고 다녔을 때, 누군가 내가 무얼 알고 싶은지 눈치챘다는 듯이 말했다.

"거리를 두려고 해요. 마음을 주면 이 일을 하기가 힘들거든요."

이곳에서 자신과 함께 경주마가 머무는 시간은 길어야 5년 정도. 그 뒤로는 이곳을 떠난다.

"어디로 가나요?"

"요즘은 코로나로 인해, 이쪽(승마)도 많이 줄어서 갈 데가 없어요."

갈 곳이 없는 말들은 어떻게 되나요? 이렇게 묻진 않았다. 은퇴 경주마의 현실을 고발한 기사들이 있다. 매년 1500마리의 말이 경주마로 '생산'되고, 1000마리의 말이 은퇴를 한다. 은퇴한 말 중 경주 실력이 우수한 말은 씨숫말이 된다. 마방에서 만난 어린 말 '테마00'이가 떠오른다. 그의 집안이 대대로 마방에서 살아가는 이유이다. 승마장에 보내지기도 하고(이 수는 몹시 적다. 국내에는 300여 개의 승마장이 있을 뿐이다) 유통업자에게 팔려 가기도 한다. 유통업자에게 간 말은 행방을 모른다. 조사되지 않았다.

2019년부터 2022년까지 은퇴한 경주마 5800여 마리 중 2550여 마리가 '폐사'된 것으로 확인됐다.❸ 은퇴한 말이 아

---

❸ 황보혜경, "퇴역 경주마 '사료용' 도축…보호법은 지난달 폐기", YTN, 2023.04.14, https://www.ytn.co.kr/_ln/0103_202304142336156366

닐지라도 매해 70여 마리의 말이 부상을 이유로 안락사를 당한
다.❹

나는 더는 묻지 않았는데, 그가 말했다.

"그래서 마필관리사들 소원이 말을 갖는 거예요."

나는 마필관리사들의 장래 희망이 조교사가 되는 건지 알
았는데…. (적지 않은 마필관리사들이 관리 감독의 권한이 있는
조교사가 되고자 한다. 경쟁률이 꽤 높다.) 정년이 되면 어디 외
지에 땅을 얻어 자신이 돌보던 말과 함께 은퇴를 하는 것이 꿈
이라 했다. 길들이며 정이 들었으니까. 경마장을 떠난 말들이 어
떻게 되는지를 아니까. 하지만 그 꿈을 이룬 마필관리사는 거의
없다. 우리 역시 경주 트랙 위를 뛰고 있고, 사는 일은 녹록지
않다.

미국과 유럽 등 경주산업이 자리 잡은 국가에는 경주마 보
호에 관한 법이 명시되어 있다. 은퇴를 한 말에 대해서도 학대하
는 것은 중범죄에 속하는데, 영국의 경우 직접적 학대가 아니라
도 방치나 미관리의 경우에도 소유자를 처벌할 수 있는 규정을
두고 있다.❺ 한국에서는 은퇴한 경주마에 관한 보호를 명시하는
동물보호법 개정안이 국회에 발의됐지만, 경주마 업계 반발로
철회되었다.

마필관리사들은 한두 마리의 은퇴 경주마들을 구하는 꿈

❹ 2022년 9월, 국회 농림축산식품해양수산위원회 소속 무소속 윤미향 의원이
한국마사회로부터 받은 자료에 따르면, 2013년부터 2022년까지 안락사 당한 경주마는
695마리로 집계됐다. 연평균 69.5마리가 안락사당한 것이다. 이런 문제가 불거지자,
마사회는 은퇴한 경주마를 승용마 말로 재교육 시키기 위한 방안을 마련하고 있다.
재교육을 받는 말은 한 해 은퇴하는 말의 50퍼센트 정도라고 한다.
❺ 김은숙, "미국, 영국, 호주에는 있는 경주마 복지법, 한국은 없다", 프레시안,
2020.11.25, https://www.pressian.com/pages/articles/2020112315383277854

을 꾸지만 실패하고, 나는 식당에서 '고기'를 주문하지 않는 일을 번번이 실패한다. 이 실패는 내가 인간적인 면모를 지닌 사람이라는 것과 어느 정도 별개의 문제이고, 그들의 실패는 마필관리사들의 직업이 제대로 알려지고 존중받아야 하는 것과 무관한 문제였다. 그렇다 하더라도 경주마에 관한 보호법마저 철회되는 국가에 살고 있기에, 나는 말을 길들인다는 직업과 거리를 두고 싶었다.

거리두기에 대해 생각하고 있을 때, 집 현관에 떨어져 있는 납작한 갈색 조각이 눈에 들어왔다. 처음에는 젖은 낙엽인가 싶었다. 자세히 보니 납작하게 눌린 채 말라버린 흙뭉치였다. 어디서 왔는지 알만했다. 경마장 발에 치이던 모래와 갈색 진흙.❻ 말발굽에 눌린 흙이 내 신발에 묻어왔나 보다.

노동이라는 게 이렇다. 일터에만 머물질 않는다. 작업복에, 머리카락에, 살갗에 흔적을 묻혀 따라온다. 마음에도 묻어온다. 마필관리사들은 수년간 쓰다듬고 만지고 같이 달리던 경주마들의 털과 냄새, 그리고 무언가를 묻혀왔겠지. 집에서 그를 기다리는 가족에게, 퇴근길 만나는 친구에게 그 흔적을 묻힌다. 혼자하는 노동도 없지만, 혼자라 할지라도 어딘가 닿고 묻히고 긁히고 그렇게 연결을 증명한다.

동물은 인간에게 노동의 수단으로 여겨졌다. 물론, 노동하는 인간 역시 노동력을 판매하는 그 순간 노동의 수단이지만, 동물의 처지는 더 씁쓸하다. 인간이 월급을 대가로 판매한 노동력과 자신의 신체를 분리할 수 없듯이, 일터에 있는 동물도 수단과

---

❻   참고로 경마장 모래 분진으로 인해 폐암을 직업병으로 인정받은 사례도 있다. 지금은 훈련장에서 분진 마스크를 필수로 착용하도록 되어 있다.

관계 그 사이에서 구분되지 않을 때가 많다. 매일 눈 맞추는 존재가 인간에게 오롯이 수단으로만 여겨질 순 없다. 무엇이든 서로 주고받는다. 노동을 구성하는 이들끼리 맺는 관계가 있다. 그 관계마저 노동을 구성한다. 그 관계의 자리에 비인간 동물도 자리하고 있다.

성상현의 일터는 모두가 경주에서 1등을 하기 위해 전력 질주하는 공간이지만, "어떤 말이 좋은 말인가요?"라고 물었을 때 그는 1등을 할 수 있는 말이라 하지 않았다. 그에게 자신이 훈련한 경주마란, 그런 단순한 순위와 등급이 매겨질 수 없는 복잡한 존재였다.

그런데 좋은 마필관리사는 어떤 사람이냐는 질문에는 망설임 없이 답했다. 열심히 하는 사람. 그 성실함과 지금껏 이뤄온 관계가 얽혀서 자부심이 되었다.

그럼에도 20년 넘게 유지된 그의 노동을 존중하는 마음과 별개로, 이 질문은 끝내 하지 않을 수 없다. 말은 왜 달려야 하나?

"왜 말을 타고 달리는 경기를 열게 됐나요?"
"재미있으니까."
"누가요? 말이요?"
"아니, 인간이."
"인간이 재미있는데 왜 말이 달리나요? 그럼 인간이 달려야 하는 거 아닌가요?"
"보는 게 재미있는 거지. 어떤 말이 1등을 하나 내기도 하고."

　"그럼 말은 왜 달려야 하나요?"[7]

❼　천선란, 《천개의 파랑》, 허블, 2020, 22-23쪽.

쎼신싸

조윤주

"손바닥으로 기운이
전해지잖아요"

들어가며

다들 벗고 있는 목욕탕에서 혼자, 위아래 속옷을 입은 사람이 있다. 그의 속옷은 검정이거나 빨강, 아니면 호피 무늬이다. 강해 보인다. 벌거벗은 몸을 누군가에게 맡겨야 한다는 부담과 2만 원이라는 금액에 망설이다가, 홀로 속옷을 갖춰 입고 목욕탕 유리문을 밀치며 들어오는 이의 포스에 압도되어 세신을 포기하게 되는 나는, 대중목욕탕 초보자다.

　　나 하나 거들지 않더라도, 주말이면 비어 있는 세신대가 없다. 목욕탕 벽 한쪽에 사물함 열쇠가 줄지어 걸린다. 대기 줄이다. 열쇠고리에 달린 붉고 둥근 플라스틱에 적힌 숫자가 고객의 번호가 된다. 고리마다 푸른 지폐 두 장이 돌돌 말려 있다. 목욕 바구니로 대신 줄을 서는 곳도 있단다. 동네마다 룰이 다르다.

　베테랑의 몸

세신의 세계

17번! 32번! 카랑카랑한 외침에 번호의 주인이 목욕탕 한쪽에 마련된 세신대로 걸어간다. 잠시 후 쓱쓱, 샥샥, 찰싹. 경쾌한 소리가 이어진다. 찰팍찰팍 바가지로 물 퍼 나르는 소리까지 더해지면 목욕탕이 꽉 채워진 기분이다.

아니다. 목욕탕의 진짜 묘미는 탕 밖 탈의실에서 찾을 수 있다. 젖은 머리를 말리며 설탕과 프림의 황금 비율 냉커피를 쪽쪽 빨면 고작 제 몸 하나 씻었을 뿐인데, 무언가 대단한 성취를 이룬 것 같은 기분이 된다. 벽마다 붙은 형광 색색 메뉴판들을 보며 이 작은 공간에서 이뤄지는 활발한 상거래에 놀라기도, 여탕 안으로 들어온 순간 가격이 두 배로 뛰는 일회용 샴푸와 린스로부터 세상의 얄팍한 비정함을 배우기도. 그 얄팍함에 속지 않겠다는 듯 목욕 바구니에 큰 샴푸 통을 담아 들고 오는 동네 아주머니들에게서 생활력이라는 것의 실체를 보며 감탄한다. 목욕탕을 찾는 순간 눈과 입과 손이 바빠진다.

그렇지만 어디 감히 상급자들의 분주함에 비할까. 이들은 목욕탕 중앙에 놓인 평상에서 만날 수 있다. 대부분 달 목욕(월 단위로 목욕탕 비용을 지불하고 사용하는 일)을 하는 이들로, 평일 낮 탈의실 평상은 이들의 영역이다. 초보자가 함부로 넘볼 수 있는 곳이 아니다. 집에서 가져온 음식들이 평상에 하나둘 펼쳐진다. 맥반석 달걀에 고구마는 물론, 김장철에는 보쌈까지 등장할 것만 같은 상차림. 한 평도 안 되는 공간이 동네 사랑방이 되는 순간이다.

　　여기까지 생각하다가, 멈춘다. 거기 세신사가 있었던가? 그 동네 사랑방 같은 공간에 여탕을 관리하는 사람(이들은 카운터에 앉아 열쇠를 받고 일회용 샴푸 같은 것을 판다) 말고, 세신사가 같이 앉아 있었던가. 기억을 더듬어 본다. 나에게 세신사는 너무도 목욕탕 소속 사람이라, 평상 위에 그들의 자리가 주어지는 것이 당연했는데. 나중에 알게 된 세신의 세계는 그런 정감 어린 운치로는 이해할 수 없는 복잡한 관계가 뒤얽힌 곳이었다. 그 복잡다단함을 이끄는 단순한 열망은, 바로 생계.

300은 벌어야 하는데

　"병원에서 간병 일을 할 때 구내식당에서 밥을 먹고 있었어요. 그런데 옆에서 이야기하는데, 들어보니까 때밀이를 하면 300은 번다고 하는 거예요."

　20년 전 이야기이다.

　"당시에 쌍둥이가 고등학생이었어요. 그때는 무

상급식이 아니에요. 학비랑 급식비를 한꺼번에 내는데 100만 원이나 해요. 내가 타는 월급이 120만 원이었어요. 나는 그때 늘 '300은 벌어야 하는데' 이 생각만 했어요."

당시 조윤주는 간병을 맡으면 짧게는 사나흘, 길게는 한 달가량 병원에 묶여 있었다. 집에도 가질 못했다. 자녀 셋을 키우는 처지에 오래 할 수 없는 일이었다. 병원 구내식당 밥을 삼시 세끼를 먹으면 목에서 신물이 올라왔다. 다른 일을 찾아야지 생각했고, 300이라는 말에 이끌려 목욕관리사 학원을 찾았다. 일명 때밀이 수업을 받는 게였다.

"매일 학원에 오이랑 요플레랑 우유를 사 들고 가는 거예요."

아는 사람은 안다. 예전엔 여자 목욕탕이 세신만 하는 곳이 아니었다. 갖가지 미용 프로그램이 존재했다. 세신대에는 얼굴에 요거트를 덮어쓴 사람이 누워있고, 탈의실 안쪽에선 얼굴에 난 잔털을 제거하는 중이며, 심지어 점을 빼준다는 사람까지 있다. 부항과 뜸은 기본이다. 그러니 목욕관리사들은 세신만이 아니라 얼굴 마사지법까지 배웠다. 우유와 오이는 전문 마사지 숍에서 사용하는 것과는 비교조차 되지 않는 저렴한 재료였지만, 목욕탕을 찾은 반나절 사이 비용이 크게 들지 않는 선에서 내 몸을 챙겼다는 기분이 들게 하는 종합세트 같은 구성이었다.

당시 조윤주는 마흔을 코앞에 두고 있었다. 그런 그가 가방에 세 가지 준비물을 챙겨 넣고 학원에 가는 모습을 떠올리니, 이런 말을 해도 될지 모르겠지만, 어딘가 귀엽다. 하지만 이것은 내 상상일 뿐, 현실은 치열했다. 다들 하루라도 빨리 기술을 배워 정식 세신사가 되려 했다. 그런 까닭에 수업은 실전과 다를 바 없이 이뤄졌다.

"학원 침대가 카바를 딱 벗기면, 대중탕에 있는 진분홍 때다이(세신대)랑 똑같거든요. 실제로 물 뿌리면서 해요. 매번 가서 옷 벗고, 오이 갈아서 붙여보고, 서로 때 미는 실습 하고. 그렇게 매일 하다 보면 살이 까져요. 어제 밀고 오늘 또 미니까."

조윤주는 그전까지 때를 밀어본 적이 없다고 했다. 피부가 약한 편이었다. 그런 이가 한 달 내내 초보자들 손에 몸을 맡겼다. 살이 까져도 개의치 않았다. 다른 걸 생각할 겨를이 없었다.

몇 년 전만 해도 남편과 함께 컴퓨터 소매상을 했다. 286 컴퓨터 시절이었다. 인근 대학에서 축제를 하면 컴퓨터를 들고 가 시연도 하고 테트리스 대회도 열었다. 젊었고 좋았던 시절이었다. 1990년대 후반, 인터넷

거래가 생겨나면서 사람들이 동네 상점을 찾는 빈도가 줄었다. 도심으로 가서 장사를 해야겠다는 생각에 상가 분양을 받아 입점했는데, 얼마 못 가 외환위기가 찾아왔다. 직원들 다 내보내고 살던 아파트마저 날아가고 나서야 상가를 내놓았다. 이후 그는 '여자 일자리'로 일컫는 일들을 전전했다. 청소, 간병, 간호조무사…. 그러다 목욕탕으로 왔다.

"이 일 하고 신이 났어요. 왜 신났냐면, 저녁에 때 밀고 번 돈에서 2만 원만 써도 애들 먹을 거를 한 보따리 사서 갈 수 있는 거예요. 그래도 돈이 남았단 말이에요. 그게 하루 힘들었던 걸 다 해소하는 거예요."

세신사가 빨간색이나 검정색의 속옷을 입는 이유가 있었다.

"눈에 잘 띄어야 손님이 다가오기 쉽잖아요."

영업 전략이었다. "이게 다 돈을 불러오는 거예요." 강해 보인다거나 촌스럽다거나 화려하다거나, 그런 한가한 감상은 들어올 자리가 없는 작업복이었던 게다. 소재가 망사인 이유도 있다. 목욕탕은 늘 습하고 망사는 천보다 잘 마르니까.

살벌하지요?

"해를 못 보는 거예요. 지하에서 항상 일하잖아요.

새벽에 가니까 출근할 때 깜깜해요. 지하철 타고 내려서 목욕탕에 들어가 지하에서 종일 보내고 밤늦게 깜깜할 때 집에 오는 거예요. 지하 6층에서도 일해봤어요. ○○백화점 뒤에 있는 건물이었는데, 거기가 지하 6층까지 있었어요. 거기서 먹고 자고 하던 (세신사) 언니가 유방암으로 죽었어. 거기서 나와야 해.”

피로와 습기가 들러붙은 몸은 탈의실 밖으로 나와도 물먹은 솜처럼 무겁다. 여기서 나가야 한다는 생각으로 그만두지만, 몇 개월도 지나지 않아 다시 세신사 모집 공고를 뒤적인다.

“이만치 버는 일이 없으니까요.”

2000년대 중반, 찜질방과 같은 큰 사우나 시설이 성행한다. 대부분 24시간 영업을 했는데, 그에 따라 세신사의 근무도 1박 2일이 되었다. 사우나 휴게실에서 쪽잠을 자고 있으면 한밤중이라도 깨워 세신을 맡기는 사람들이 있었다.

“옛날에는 그랬어요. 새벽 1시에 일이 끝나면 5시에 다시 일을 시작해야 해요. 그런데 3시에 손님이 와서 깨워요. 때 밀어달라고. 진짜 옛날에는 자다가 일어나서 밀어주고 그랬어요. 처음에는 내가 거부했어요. 5시에 일 시작하니까 그때 다시 오세요.”

그날로 쫓겨났다. 손님이 항의를 한 것이다. “같이

일 못 하겠네요." 목욕탕 주인의 이 한마디면 다음날 출근할 수 없었다. 경력도 단골도 없는 초보 세신사를 자르는 건 일도 아니었다. 그런데 세신사는 목욕탕에 고용된 직원이 아니다. 자릿세를 내고 들어오는 구조였다. 보증금을 내고 들어와 하루하루 목욕탕 사장에게 물값, 청소비 명목의 돈을 냈다.

"처음에는 목욕탕 청소를 세신사들이 했대요. 그런데 손님이 많아지면서 청소 같은 건 못하게 되니까, 청소비를 주고 사람을 고용하는 거예요. 일비로 목욕탕에 줘요. 3만 원씩도 내고 5만 원씩도 내고."

세신대 하나를 놓는 자리 대여 값으로 하루 5만 원이 적당한 금액인가를 계산하고 있는데, 그런 셈이 무색하게도 보증금 액수가 한참이나 예상을 벗어난다. 많게는 1000만 원 단위라고 했다. 세신사가 갑자기 그만두는 것을 방지하려는 목적으로 요구하기 시작한 보증금이 야금야금 늘어난 것이다. '여자 일치고' 벌이가 제법 된다는 이유로 그 돈 내고서라도 목욕탕에 자리를 잡으려는 세신사가 넘쳤던 시절이었다.

"그때는 돈이 됐죠. 다 현금 장사였으니까."

영업을 마치면 세신사끼리 모여 앉아 빨간 통을 뒤집었다. 돌돌 말린 지폐가 쏟아져 나오면 하나하나 펴서 동료 세신사와 나눠 가졌다. "무조건 반씩 나눠 가져요." 전체 수익을 세신사 머릿수대로 나눈다고 했다. 손님이 적은 세신사가 버텨내질 못할까 봐 그런 걸까. 이런 문화가 어떤 연유로 정착했는지 모르지만, 이 공평함은 때론 위아래를 공고하게 만들기도 했다. 고객을 더 많이 확보한 사람이 그렇지 못한 사람에게 내 돈을 나눠 주는 모양새가 됐다. 권력의 추가 기운다.

게다가 목욕탕 주인은 고객을 더 많이 쥐고 있는 세신사 눈치를 보기 마련이다. 기술 좋고 처세도 좋아 단골이 많은 세신사가 '저 사람과 같이 일 못 한다' 하면 잘리는 거다. 그러니 이제 막 세신의 세계에 입문한 신입은 눈칫밥 신세다. "살벌하지요?" 그 시절을 탈의실 바닥에서 머리카락도 줍고 커피통도 닦으며 그렇게 버텼다고 했다. 눈칫밥 세월을 이겨내야 진짜 세신사가 된다.

손바닥으로 전해지는 기운

처세와 기술이 두루 필요한 곳에서 20년을 일했다. 자릿세는 억지스럽고, 새벽 근무는 몸을 망치고, 단골 관리는 신경을 곤두서게 하지만, 이 직업은 몸을 놀린 만큼 돈이 되어 돌아왔다. 그러는 사이 숱한 몸을 봤다. 한 사람당 때를 미는 시간 30분. 적게 잡아도 하루에 15명, 한 달이면 350명, 1년이면 4000명의 몸을 민다. 고

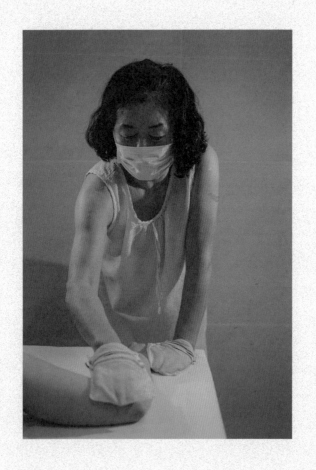

베테랑의 몸

급 호텔 스파부터 동네 작은 목욕탕까지 세신사는 어디에나 있지만, 일하는 곳마다 보는 몸이 다르다. 동네 목욕탕에서 만나게 되는 것은 관절과 근육을 아낌없이 쓴 몸이다.

"때를 밀다 보면 엉덩이골 부분이 동글동글 뭉쳐 있는 게 느껴져요. 젊을 적에는 무릎도 얄팍하고 뼈 모양이 다 드러나는데, 점점 두툼해지고 커지잖아요. 순환은 못 하고 쓰기만 하니까, 혈이 막힌 거예요."

붓고 두꺼워지고 자국이 남고 거무죽죽해진, 나이 듦에 따라 달라지는 몸을 본다. 그런 사람들을 눕혀 자신의 손이 지나는 이 순간이라도 시원하라고 꾹꾹 눌러준다. 세신대에 오르지도 못할 정도로 노쇠한 노인들도 온다. "그런 분들은 부축받고 올라요. 올라와서도 엎드리지 못해요." 나이가 들면 누운 몸을 옆으로 돌리는 것조차 힘겹다.

"어르신이 혼자 왔다 싶으면 주시를 해요. 탕에서 10분이 지나도 안 나오셔. 그러면 때수건 빼놓고 잠깐만요, 하고 쫓아가요. 모시고 나오는 거죠."

간혹 노인들이 탕 안에서 의식을 잃는 일이 있다. 그래도 잔소리하지 않는다. 거동 불편한 몸으로 목욕탕을 찾는 마음을 알기에 그런다. 몸을 뜨끈한 물에 담그는 그 잠시간의 위안. 그걸 뺏을 수는 없는 일이다. 목욕탕 찾는 사람들은 이 시간을 통해 한 주를 살고 한 달을 살 기운을 얻는다고 믿는다. 세신사도 그 마음에 동참한다.

"손바닥으로 기운이 전해지잖아요."

닦고 문지르고 관절을 긁어주고 근육을 눌러준다. 골파기, 빨래하기, 헤엄치기, 쪼개기… 손동작마다 다양한 이름이 붙는다. 주황, 초록, 노랑 알록달록 때수건 안에서 손놀림이 현란하다.

"세신은 잘하고 못하고가 아주 작은 차이예요."

미세한 동작으로 기술 차이가 확연히 드러난다는 이야기.

"못하는 사람은 시원한 부분을 빼놓고 지나가는 거예요. 몸이 굴곡졌잖아요. 관절이 솟아오른 곳은 손끝으로 민다든가. 옴폭한 곳은 또 방법이 달라요. 널찍한 데는 손바닥으로 미는데, 또 약한 부분이 있어요. 거긴 밀면 아프니까 살짝 비벼주는 거예요. 어떤 곳은 당기는 기분으로."

이것이 세신의 기술이라 했다. 그의 손을 거친 살갗이 보들보들해진다.

"옛날에 컴퓨터 장사하다가 망했을 때, '내가 왜 망했지?' 생각했어요. 내가 내 식구만 먹고살려고, 내 돈만 벌려고 해서 그랬나. 후회가 되는 거예요. 그런 마음이 들어서 한동안 헌혈을 하기도 했어요."

몇 달 지나자 어지럼증이 일었다.

"이거는 안 되겠다. 그래서 내가 다른 사람에게 줄 게 뭐가 있지? 나는 육체가 건강하지. 타고난 육체가 있으니까 내 노동력을 주자 이랬거든요."

그리하여 20년 후, 그는 두 팔과 두 다리로 노동을 버텨낸 사람만이 가질 수 있는 손과 발을 지니게 됐다.

"이렇게 도톰한 손이 때 밀기에 좋아요. 면적이 크잖아요."

그는 손바닥을 펼쳐 앞으로 내민다. 손끝이 갈라져 있다. 요즘은 일은 덜 해서 손이 고운 거라며 사진 하나를 보여준다. 사진 속 손은 껍질이 하얗게 벗겨졌다. 피부가 갈라진 틈으로 피가 배어 나온다. 젖었다 마르기를 반복하는 손이다.

"명반이 있어요. 백반이라고도 하는데. 옛날에는 봉숭아 물들이는 데 그걸 넣었어요. 그걸 가루를 내서 바셀린을 섞어서 벽에다 붙여놨다가 조금씩 때수건에 묻혀서 쓰면 때가 잘 나와요. 국수 같이 쏟아져. 그런데 명반을 자꾸 쓰면 사람 손이 망가져요."

수분을 흡수하는 성질을 지닌 명반은 손을 더 건조하게 만든다. 복병은 여기서 끝나지 않는다. 물마저 원인이 된다. "물이 빳빳하면 때가 잘 안 밀려요." '물이

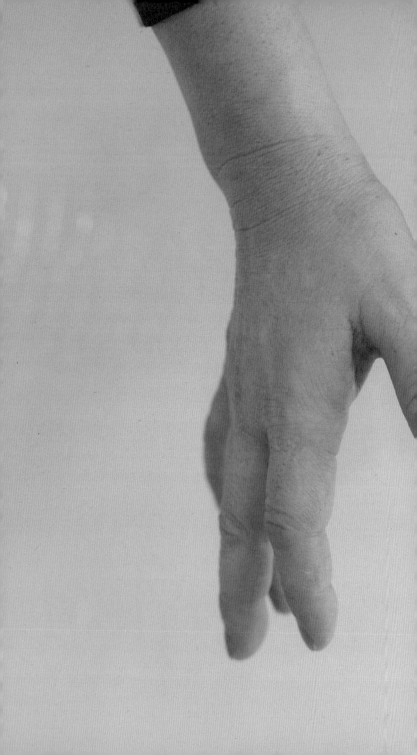

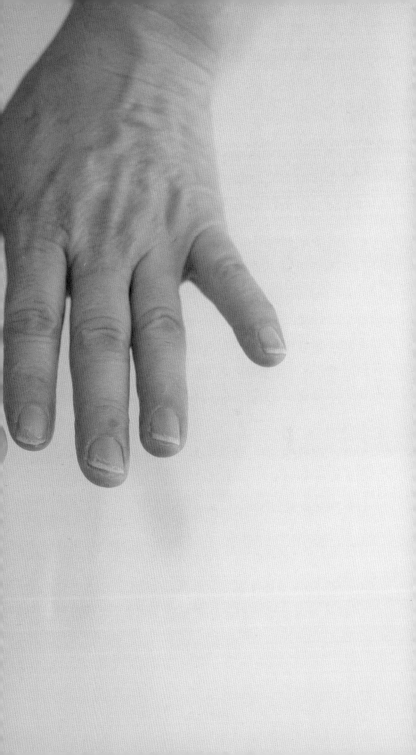

셴' 곳에서는(주로 바닷가 지역이다) 손이 더 망가진다
고 했다. 때가 안 밀리니 손에 힘을 주고, 그러다 보면
손바닥 살갗이 벗겨진다. 견딜 수 없이 쓰라린데 손에
닿는 것은 까슬한 때수건이다.

"안에 얇은 가제 수건을 대기도 하고 의료용 장갑
을 끼기도 하고, 어떻게든 해요. 제 일이란 게 그런 거
니까요. 어떻게든 환경을 극복하고 살아남는 거."

이 일을 하려면 손발은 포기해야 한다.

"탕 바닥을 락스로 청소하잖아요. 물을 많이 안 뿌
리고 그냥 말려서 쓰거든요. 대리석 바닥이라 그래야
안 미끄러져요. 그런데 손님들은 어쩌다 한 번 오지만,
우리는 매일 있잖아요. 락스가 발바닥에 붙어서 발이
터지고 갈라지고 그러는 거예요."

눈에 띄지 않는 존재들이 그곳에서 10시간, 20시
간 일하는 사람들의 피부를 벗기고 생채기를 낸다. 일
이라는 것이 그렇다. 그렇기에 수업 때 특히 강조하는
내용은 몸이 다쳐서는 안 된다는 것. 그는 지금 목욕관
리사 학원을 운영 중이다. 20년 전, 자신과 같은 심정으
로 학원을 찾은 사람들을 가르치고 있다.

"어떤 사람한테 이 기술을 알려줬어요. 그때 가르
치는 걸 처음 했는데 보람을 느꼈던 건, 일을 가르쳐주
고 같은 목욕탕에 자리를 마련했단 말이죠. 그 사람이

랑 일 마치고 같이 목욕탕을 나가는데, 앞에 그 남편이
랑 애들이 데리러 온 거예요. 내가 기술 알려주고 그런
게 이 사람만을 위한 게 아니었구나. 저 가족 모두에게
돌아가겠구나."

자신도 300만 원이란 말에 앞뒤 가리지 않고 학원
을 찾던 시절이 있었다.

"그 기억이 있어서, '어떻게 하면 사람들 가르쳐줄
수 있지. 일요일 하루 쉴 때 우리 집에서 가르쳐 볼까.'
그냥 생각만 하다가 몇 년이 흘렀어요."

우연한 기회로 학원을 인수하게 됐다. 10년째 운
영 중이다. 수업 시간 내내 그의 잔소리가 이어진다. 한
쪽 다리에만 하중을 두지 말고, 허리를 너무 굽히지 말
고, 손가락만 쓰지 말고. 최대한 여러 근육을 사용해라.
몸을 많이 움직이는 것이 노하우라고 했다. 왼쪽 오른
쪽 다리에 번갈아 가며 하중을 옮긴다. 한자리에서 허
리를 굽히거나 팔을 길게 뻗지 말고, 앞으로 옆으로 손
이 수월하게 닿는 위치로 이동한다.

"어떨 때 양옆으로 움직이니까 리듬에 맞춰 춤이
라도 추는 것 같다니까요."

부지런히 움직여야 다치지 않는다. 때수건 속 손도
마찬가지.

"손가락 끝을 쓰는 게 제일 편해요. 손바닥이나 다

른 데는 좀 둔탁하기 때문에 기술이 없으면 고객도 세신사도 시원하다는 느낌이 덜해요. 그러니까 초보는 손가락만 쓰는 거예요."

하지만 손가락은 약한 부위다. 과도하게 쓰면 인대가 끊어진다. 제대로 배우지 않고 현장에 가면 내 몸 상해가며 일할 수밖에 없다. 현장 선배로서 하는 말이다. 다른 사람 몸 챙기는 것만큼 내 몸을 챙길 줄 알아야 오래 일한다.

발꿈치를 약하게

모든 것이 안정되어가나 보다 했다. 하지만 사는 게 그리 순탄할 리 없었다. 코로나19가 퍼졌다. 하루아침에 세신사를 구하는 목욕탕도, 세신을 배우러 오는 이도 사라졌다. 수강생이 1명 남은 상태에서 학원 문을 닫았다. 탕 안에서도 마스크를 쓰고 일해야 했다. 일할 수 있으면 다행이었다. 목욕탕들이 우후죽순으로 문을 닫았다. 주인이 야밤도주해 보증금을 돌려받지 못한 세신사들의 사연이 괴담처럼 퍼졌다.

사회적 거리두기가 해제된 2023년, 학원은 다시 문을 열었다. 그리고 그가 가르치는 내용에도 변화가 생겼다.

"이제 1인 세신 숍에서 하는 걸 설명할 거예요. 거

긴 하는 순서가 달라요."

바이러스로 인해 대중이 모인 곳보다 독립된 공간을 선호하는 경향이 커졌고, 대중목욕탕이 아닌 1인 세신 숍을 찾는 사람들이 늘어났다. 사실 코로나19 이전부터 대중목욕탕은 줄어들고 있었다.❶ 주택마다 욕실이 잘 갖춰진 상황에서 예전만큼 목욕탕을 찾을 이유는 없던 것이다. 그 사이를 파고든 것이 개인 공간을 갖춘 세신 숍이었다.

이제 사물함 열쇠를 길게 늘어놓을 필요가 없다. 인터넷으로 예약한다. 세신비를 넣던 빨간통도, 조잡하지만 정감 가는 파란색 타일도 볼 수 없다. 조윤주도 1인 세신 숍으로 자리를 옮겼다. 그의 손이 말짱했던 것은 이 까닭이다. 숨 좀 돌리면서 일한다고 했다. 기본급이 나오고 정해진 시간 동안 예약한 손님만 받는다. 보증금을 낼 필요 없이 월급을 받고 산다.❷ 세금도 내고 고용보험도 들 수 있다. 빨간 속옷도 입지 않는다. 병아리색 원피스를 작업복으로 입은 그를 보며, 다행인가 생각한다.

그가 수강생에게 이렇게 가르치는 걸 들었다.

"1인 세신 숍에선 발뒤꿈치를 타월로 문지를 때

❶ "통계청은 1999년에야 전국 목욕탕 개수를 헤아렸는데 집계 첫 해 전국 9868개, 서울 2163개의 목욕탕이 있었다. 2013년에는 전국 7818개, 서울은 1134개로 그 수가 줄었다." (출처: 양보라·임현동, "마음의 때도 씻겨주는 '신의 손맛'", 더 중앙, 2015.11.20, https://www.joongang.co.kr/article/19101695#home)
❷ 이 또한 정해진 것이 없다. 기본급 없이 5 대 5 같은 비율로 세신사와 수익을 나누는 세신 숍도 있다고 한다.

"베테랑은,

내 몸 다치지 않게 일하는 사람."

약하게 해야 해요. 1인 세신 숍 고객들은 발이 보드라워
요.”

대기 순서가 바뀌었다고 언성을 높이는 사람도, 부
축해서 세신대에 올려야 하는 노인도, 오이 마사지를
서비스로 해달라고 조르는 손님도 사라졌다. 감탄도 항
의도 인터넷 공간 속 리뷰 별점으로 달린다. 시대가 변
하고 있었다. 대중목욕탕에서 사라진 평상은 돌아왔을
까. 전국을 통틀어도 1인 세신 숍 수는 손에 꼽을 정도
이고, 일자리를 잃은 세신사들은 여전히 많다. 게다가
경력 있는 세신사들은 1인 세신 숍에 오래 머물지 못한
다는 이야기를 들었다. 빨간 통 뒤집던 대중목욕탕 방
식에 익숙해진 것이다. 발이 보드라운 고객들은 영 어
색하다.

불편한 걸음으로 동네 목욕탕을 찾아들던 나이 든
몸을 떠올린다. 노동의 세월은 뒤꿈치 각질에, 절뚝이
는 다리에, 굽은 등에 녹아든다. 그들은 지금 어디에서
몸을 눕히고 있을까. 누구에게 몸을 맡길까. 그들의 갈
라진 뒤꿈치는 여전할까. 노란 원피스와 꽃무늬 가운을
입고 노란 때수건을 낀 손을 카메라 앞에서 들어 보이
는 조윤주를 본다. 거칠어진 손은 타월에 숨긴다. 노동
의 흔적을 그릇처럼 담은 몸을 매만져온 손이다. 그 자
신의 노동도 두 손에 고스란히 담겼다.

목욕탕이라는 공간

목욕탕엔 몸이 있다. 적나라한 몸. 감출 수도 가릴 수도 없는 몸들이 자신을 드러내는 것을 보면 괜히 부끄럽기도, 그 적나라함에 흠칫거리면서도 호기심에 눈을 떼지 못한다. 그리고 배운다. 목욕탕은 나에게 '진짜' 몸을 가르쳐준 곳이다. '여탕'이라는 공간이 없었다면, 나이 들어가는 몸을 어떻게 받아들일 수 있었을까. 조명판과 보정을 거쳐 만들어지는 미디어 속 몸만이 내가 볼 수 있는 유일한 육체였다면, 세월이 가면서 변형되어가는 나의 신체를 어떻게 받아들였을지 상상조차 가지 않는다. 목욕탕은 내게 학교 같은 곳이다.

하지만 아는 것은 없었다. 탕 안에 몸을 담그고 앉아 타인의 몸을 지켜보길 좋아했지만, 어쩌면 그건 또 다른 브라운관 너머 세상을 보는 것과 다르지 않았다. 그 공간에서 일하는 몸에 대한 인식이 없었다.

조윤주에게 이야기를 들으며, 나는 세신사의 일자리를 무엇이라 불러야 할지 좀체 알 수 없었다. 고용, 임대, 용역, 위탁…. 목욕탕 한 칸 세신대 놓는 공간의 자릿세를 내니 임대라 해야 할까. 목욕탕 주인과 맺는 용역 계약이라 불러야 할까. 목욕탕 업무 일부를 나누어 갖는 일이니 위탁이라 해야 할까. 고용이 아닌 것은 분명했다. 조윤주가 스무 해 넘게 가입해본 적 없는 고용보험이 이를 말해준다. 사람들은 세신사가 고용되어 본 적 없는 현실은 말하지 않고, 현금으로 오가는 상거래 과정에서 존재하지 않는 세금만 말했다.

그건 일하는 사람이 지닐 수 있는 최소한의 보호장치를 가지지 못한다는 말이기도 했다. 그래서 그는 하루아침에 잘리고, 근속 20년째인 지금도 실력과 처세로 자신의 일자리를 지켜야 한다. 그렇게 쌓아 올린 실력은 내가 그를 만나는 계기가 되었지만, 자신의 실력을 내내 증명해야만 하는 삶은 피로하다.

세신사를 취재하며, '때'에 관한 이러저러한 정보를 함께 얻었다. 때를 미는 목욕 문화를 가진 국가는 아시아에서도 중국, 일본 등 소수에 불과하다는 것. 심지어 일본이나 중국도 세신 문화가 크게 줄어들었다. 일본 대중목욕탕에선 때를 미는 것이 예의에 어긋난 행위라 했다. 그런데 한국에 세신 문화를 확대한 것은 정작 일본이었다. 조선 시대에도 때를 밀었다고 유추되는 기록이 있긴 했지만, 봄비가 내리면 목욕을 한다고 할 정도로 상하수도 시설이 부족했던 시절에 때를 미는 행위가 널리 퍼졌을 거라고는 추정하긴 어렵다. 대한제국 시기, 개화사상가들에 의해 청결과 위생은 "근대라는 새로운 문명을 수용하고 성취한다는 의미"[3]로 받아들여졌다. 식민지 시기에 들어서자, 청결은 국가 통치 수단이 되었다. 당시 불결과 미개는 동일어였다.

목욕의 강조는 공중목욕탕 설치로 이어졌다. 보건위생은 국가적 과제였기에, 목욕할 공간을 만들고 저렴한 비용으로 시설을 제공하는 것은 공적인 책임이었다. 그리하여 공중목욕탕을 만들고 운영하기 위해 국가는 물론 마을 단위의 참여가 이뤄졌다. "목욕탕에 사용될 토지와 건물은 마을에서 기부"하고, "가마

[3]   박윤재, 〈때를 밀자-식민지 시기 목욕 문화의 형성과 때에 대한 인식〉, 《도시를 보호하라》, 역사비평사, 2021, 233쪽.

와 시멘트는 도에서 공동으로 구입"하고 "연료비는 이용자가 부담하는"[4]식이었다.

동네 목욕탕에선 지금도 공적인 성격이 엿보인다. 독거노인을 취재해도, 요양보호사를 인터뷰해도, 심지어 세신사를 만나도 '노인들이 즐겨 찾는 목욕탕' 이야기는 빠지지 않는다. 목욕탕 서열에 관한 우스갯소리가 있다. 여탕의 서열은 목욕탕 주인을 제외하고는 '커피 (타주는) 아주머니'가 가장 꼭대기에 있고(인기 많은 세신사도 같은 대열에 오른다), 남탕의 서열 꼭대기는 '용 문신 형님들'이라는.[5]

그런데 이 서열을 다 뒤집는 존재가 있으니, 어르신이다. 요즘은 대중교통 시설에서도 노약자에게 자리를 양보하는 일이 드문데, 노인 공경이 이뤄지는 몇 안 되는 공간이 목욕탕이었다. 그만큼 많은 노인이 목욕탕을 찾는다. 그 미끄럽고 뜨거운, 조금도 안전해 보이지 않는 곳을 말이다.

나이가 들수록 점점 더 손이 닿는 신체 부위가 적어진다. 화장실 외풍을 견디기 힘들어지는 몸이 된다. 외롭고, 시리고, 말을 섞을 사람이 그립고. 목욕탕 안에서 만들어지는 공경은, 노인이 목욕탕을 찾는 심정을 막연히 공감하는 데서 비롯된 것이 아닐까. 그러니 분 단위로 일하는 세신사가 '잠시만요'를 외치며 달려갈 수 있는 유일한 대상이 노인이다.

나는 조윤주의 이 말이 흥미로웠다.

"내가 다른 사람에게 줄 게 뭐가 있지? 나는 육체가 건강하지. 타고난 육체가 있으니까 내 노동력을 주자"

---

[4]   위의 책, 223쪽.
[5]   마일로, 〈여탕 보고서〉, 네이버 웹툰, 2014-2015.

자녀들을 부족하지 않게 키우기 위해 몸을 아끼지 않고 돈을 벌어온 사람이었다. 그런 그가 누군가를 목욕시키며 그것을 헌혈과 비슷한 행위로 보는 부분이었다. 내 노동력을 주자. 목욕이란 무엇일까. 나는 막연히 동네 목욕탕에 여전히 마을 단위 공동체가 함께 지켜야 할 공적 필요가 있는 게 아닐까 생각한다. 그곳을 꿋꿋이 찾는 나이 든 몸, 고단한 몸, 닳은 몸들이 있기에.

3부

말하는 몸

수어통역사

장진석

"표정만으로 다른
말이 되는 거죠"

들어가며

내게 수어는 낯선 언어다. 나름 존중한다며 외국어
정도로 여겼다. 내가 배우지 않고 관심 두지 않는 외국어.
그 정도 거리 두기가 가능했다. 주변에 수어를 쓰는
사람이 없으니까. 사람이 존재하지만 보이지 않는 데는
이유가 있다. 그 이유를 담은 책이 《퀴어는 당신 옆에서
일하고 있다》였다. 성 소수자 직장인을 숨기는 세상에
관해 말했지만, 내 주변에 보이지 않는 농인은 관심사가
아니었다.

　　　그러다 이 책으로 북토크를 하고 싶다는 연락을
받았다. '수어로 소통하는 독서모임'이었다. 행사가
시작될 때까지 별생각이 없었다. 인사 정도를 수어로
익혀서 갔다. 농인들에게 '박수'는 손뼉을 치는 것이
아니라 양손을 흔드는 동작이라고 했지, 그 정도였다.
그런데 인터뷰 기록이라는 책의 내용상, 행사 내내 이
말이 등장했다. '상대의 말을 듣는다.' 그것도 그냥
듣나. 귀 기울여 듣는다. 언어를 듣지 않고 '보는' 사람들
앞에서 '듣고 말하는 일'에 대해 말하려니 민망할
지경이었다. 자꾸 통역 쪽을 힐끔거렸다. 수어통역
과정에서 표현이 순화되길 바랄 뿐이었다. 수어통역사를
인터뷰해야겠다고 생각한 것은 그날 기억 때문이다.
수어통역협동조합을 통해 장진석 통역사를 만났다.

베테랑의 몸

수어는 손으로 전하는 언어라고 생각했다. 아니었다. 온몸으로 언어를 만드는 사람을 본다. 팔과 어깨는 물론, 얼굴 근육이 자유자재로 움직인다.

수어통역사 장진석이 수어 통역을 녹화하는 방송국을 찾았다. 처음 만나 인사를 나눌 때만 해도 다소 딱딱한 얼굴이었는데, 방송실 안에서 통역을 위해 두 손을 가슴께로 올리자 얼굴에 여러 겹의 선이 생긴다. 갑자기 등장한 주름만큼이나 본 적 없는 다채로운 표정이 그의 얼굴을 빠르게 스친다. 손짓보다 표정에 시선을 빼앗긴다. 그가 한 말을 이해한다.

"재미있어요. 재미있어서 계속하게 되었어요."

대학교 1학년 때, 장진석은 '수화 동아리'에 들어갔다. 당시만 해도 '수화'라 불렀다. 1990년대 초반, 수어가 무엇인지도 몰랐지만 무작정 좋아하는 학생을 따라 동아리에 가입했다. 막상 배우니 재미가 있었다. 어릴 때부터 재미없는 것은 못 하는 성격이었다.

"하지만 그때는 수어가 뭔지 제대로 몰랐던 거예요."

수화동아리였지만 농인조차 만난 적 없었다. 실제 농인을 만났을 때 그는 자신이 그동안 배운 것이 뭔가 잘못되었음을 깨달았다.

"제가 하는 말을 그쪽이 못 알아듣는 것 같은 거예요. 나중에 알고 보니 지금까지 제가 배웠던 것은 수어라기보다 한국어(청인들의 언어)에다 단어만 그대로 가져다 붙인 거더라고요. '수지 한국어'를 쓴 거예요."

단순하게 표현하면 수지 한국어는 '콩글리시'라고 할까. 영어에는 영어식 문법이 있다. 이 문법을 무시한 채 단어 몇 개를 조합해 말하는 언어를 우리는 콩글리시라고 한다. 수어에도 수어만의 문법이 있었다. 예를 들어 '비가 온다'라고 수어로 표현하고자 하면 '비'와 '오다'라는 단어를 조합해서는 안 된다. 수어로 '비가 오다'의 정확한 표현은 '비'와 '있다'라는 단어의 조합이다. 비가 있다. 수어는 시각적으로 보이는 상태가 중요한 사람들의 언어이다. 그러므로 지금 비가 '있는'지가 중요하다. 농인의 언어 체계를 제대로 이해하지 못한 채, 손짓만 따라 한다면 정작 농인은 알아듣지 못 하는 말이 된다.

수어가 수화이던 시절은 더 그랬다. 농인들의 말을 고유한 형식을 갖춘 언어(語)가 아닌 손짓(話) 정도로 여기던 시절. 장진석이 수어를 배우던 때는 수어를 제대로 가르쳐줄만한 선생님도 없었고, 수어 통역을 직업이라 여기지 않고 봉사 정도로 취급하는 분위기였다. 수어통역사의 자격을 부여하는 국가 공인 자격증이 생겨난 것은 2006년에 이르러서다.

장진석의 장래 희망이 수어통역사가 된 것은 그보다 이른 1990년대 중반이었다. 군대를 제대하고 텔레비전 방송을 보는데 아는 얼굴이 나오더란다. 복지관 봉사 모임에서 본 적이 있는 선배였다. 수어 통역을 하고 있었다. 그렇게 수어통역사라는 직업이 장진석의 눈에 들어왔다. 그때부터 본격적으로 수어를 배웠다.

"저에겐 사부님이 있어요."

그의 '콩글리시 수어'를 고쳐준 사람이다. 이제는 고인이 된 '사부님'을 농아노인회에서 처음 만났다. 당시 사부님의 나이가 칠순. 30대 초반이던 장진석은 그에게 무작정 수어를 가르쳐달라고 했다. 저 사람에게 말을 배우면 제대로 배울 수 있을 것 같았다.

"제가 한참 어린데도, 사부님과 친구들이 스타일이 쿨했어요. 저를 친구처럼 대하고. 유희를 아는 분이랄까. 술을 마셔도 절대 안 지고."

말을 가르쳐 달라고 했는데 사부님이 데려간 곳이 '구락부'였다. 요즘 말로는 클럽. 농인들이 즐기는 구락부가 노인회와 같은 건물에 있었다. 사교 클럽인 구락부에서 농인들은 세상 돌아가는 이야기도 하고 마작 같은 오락도 즐겼다. 교회나 농인 단체와는 또 다른 그들만의 공동체였다. 장진석이 사부님을 쫓아 따라간 구락부는 제법 미군 클럽 같은 느낌이 났는데, 젊은 시절 미군 피엑스(PX)에서 자재 정리와 회계 일을 한 사부님 작품이라고 했다.

"어차피 한국 사람(청인)들도 미국말을 모르니까, 똑같잖아요."

영어를 몰라 소통하지 못하는 건 농인이든 청인이든 다 똑같았다. 근현대사 속에서 농인들이 맛본 묘한 평등이었다.

"구락부에 가면 사부님이 '너는 수어 하지 말고 가만히 있어. 가만히 보기만 해' 그러시는 거예요. 그 말의 의미를 나중에 알았죠. 주변에서 '얘 누구냐' 하면, 수어 못하는 불쌍한 젊은 애라고. 하하. 그렇게 몇 개월 지나니까 제가 농인들 대화를 알아보는 거예요."

생활 언어를 배웠다고 해야 할까.

"영어를 배울 때도 귀가 먼저 뚫려야 한다고 하잖아요. 그거랑 똑같아요. 눈이 먼저 트여야 하죠."

온몸으로 언어를 전하는 대가

농인들이 실생활에서 쓰는 언어를 알게 되자 수어의 매력이 더 크게 다가왔다. 농인에게 말은 듣는 것이 아니라 보는 것이다. 청인들이 목소리 톤이나 억양으로 구별하는 것을 이들은 모두 눈으로 판별한다. 한눈에 들어오기에 구어가 가지는 순차성에 얽매이지도 않는다.

"'나는 매우 배고프다'를 통역한다면, 수어가 익숙하지 않은 사람은 '나는-매우-배고프다' 이렇게 순서대로 말해요. 하지만 농인들은 이렇게 표현하지 않아요."

어순에 얽매이지 않고 한 번에 여러 단어를 표현할 수 있다. 손뿐 아니라 어깨, 턱, 눈, 모든 신체가 발화를 돕는다. 장진석이 얼굴 근육을 격하게 사용한 이유이기도 했다. 표정은 '좋다·싫다' 같은 감정을 드러내는 수단이 되는 것은 물론이고, 물음표와 마침표와 같은 문장부호가 되기도, '매우·조금·멀리' 같은 수식어 역할을 하기도 한다.

"얼굴 표정(표지)은 '비수지 신호'라고 하는데 수어에서는 비수지 신호가 중요해요. '먹었어?'라고 물을 때는 궁금하다는 듯이 이런 표정을 짓는 거예요. '먹었어.' '먹었어?' 표정만으로 다른 말이 되는 거죠."

턱을 내밀고 눈썹을 올린다. 그러면 묻는 말이 된다. 아예 뜻이 달라지는 표정도 있다. 손바닥을 뺨에 가져다 대는 동작을 할 때 웃는 표정을 지으면 '귀엽다'는 의미가 되는데, 같은 동작을 해도 인상을 쓰면 그건 '아깝다'는 뜻으로 해석된다. 표정이 이렇게 많은 역할을 하기에 코로나19가 확산되던 시기에도 수어통역사는 마스크를 착용하지 않았다. 이 말은 농인들이 마스크로

↑   장진석이 복지TV 스튜디오에서 수어통역을 하고 있다. 팔과 손뿐만 아니라
얼굴 근육도 쉴 틈이 없다.

인해 소통의 어려움을 겪는다는 소리이기도 하다. 표정으로 전달받아야 할 뜻을 놓친다. 마스크를 쓰기 전까지 농인들은 '좋다·싫다·맞다·아니다' 같은 간단한 의사표현은 아예 손을 쓰지 않고 얼굴만 사용해 전하기도 했다('있다'는 입을 동그랗게 벌려서, '없다'는 입술을 꼭 닫아 물어 표현한다).

농인마저 언어를 잃어버리면서까지 마스크를 써야 했던 시기에 행사장에서 홀로 마스크를 벗는 사람이 수어통역사이다. 감염 위험에 대한 불안도 잠시, 마스크 위로 눈만 내놓고 자신만 말똥말똥 바라보고 있는 관객들을 앞에 서면 손과 어깨와 눈썹과 턱이 부지런히 움직인다. 이때 수어통역사는 반짝이는 반지나 팔찌를 착용하지 않는다고 했다. 시선을 분산시킬 것은 치운다. 장진석도 평소엔 늘 몸에 지닌다는 결혼 예물 시계를 무대에 오를 때는 풀어둔다. 통증 때문이기도 하다. 그 작은 무게도 30분에서 1시간가량 팔을 가슴께 위로 올린 채 움직이다 보면 천근처럼 느껴진다.

"의사 선생님의 이야기로는 다른 사람들은 쓰지 않을 근육을 많이 사용한대요. 팔 안쪽 근육 같은 거."

수어통역사만큼 오랜 시간 팔 근육을 다양하게 움직여 쓰는 사람이 있을까. 특히 손가락을 움직이는 일은 생각보다 곤혹스러울 때가 많다. 비교적 어릴 적부터 수어를 배워 손의 근육이 자유로운 농인들에 비해 통역사들은 성년이 된 후에 수어를 배우는 경우가 많다.❶ 이미 굳어버린 손가락은 잘 움직여지지 않는다. 이건 자음 치읓만 수어로 표현해봐도 알게 된다. 치읓은 모든 손가락을 편 채 새끼손가락만 안쪽으로 굽히는 모양이다. 이 동작을 취하면 약지 근육이 당기다 못해 아프다.

기역, 니은, 디귿과 같은 글자를 수어에서는 지(指)문자라고 하는데, 이름이나 브랜드 상품명과 같은 고유명사를 표현할 때 사용된다. 지문자가 유독 자주 등장하는 매체가 있다. 바로 뉴스.

"WTO, NATO 같은 말들이 뉴스에서 자주 나오는데. 뉴스는 정보 전달이 빠르잖아요. 통역도 빨리 해야 하거든요. 그럼 손목을 꺾이는 것도 모르고 손가락에 힘을 줘서 움직이게 돼요."

결국 얻게 되는 건, 손목터널증후군. 손가락에서부터 시작된 통증은 어깨를 거쳐 목과 허리 통증으로 이어진다. 온몸으로 표현되는 아름다운 언어를 전하는 대가다.

❶ 비교적이다. 농인들도 수어를 유아기때부터 습득하는 일이 드물다. 구어로 소통하길 강요받기도 한다. 농인들 중 상당수는 수어를 농학교에 다니면서, 혹은 대학에 입학하면서 접하게 된다.

방송 녹화에 들어가기 전, 장진석은 벗었던 안경을 다시 쓰곤 목을 앞으로 길게 뺀 채 브라운관 화면을 골똘히 바라본다. 통역할 내용을 살피는 중이다. 눈을 살짝 찌푸린 채 하나도 놓치지 않을 기세다. 그럴 땐 사라졌던 주름이 미간에 살짝 올라온다. 큐 신호가 오면, 세상 누구보다 풍부한 표정으로 변할 것이 예상되지 않는 얼굴이다.

통역사의 최대 목표는 잘 전달하는 것. 그렇기 위해서는 많은 준비가 필요하다. 통역사는 어디든 간다. 농인이 있고 언어가 있는 자리에는 어디에나 통역사가 있다. 방송사, 강의실, 공연장, 관공서, 법정 그리고 집회 현장에도 간다. 어제는 마술 쇼 무대에 서고, 오늘은 퀴어 축제 무대에 함께 한다. 행사마다 성격이 다르고 참가 대상도 다르다.

같은 한국수어라 하더라도, 저마다 쓰는 말이 조금씩 다르다. 청인의 언어에 세대별로 달리 쓰는 언어가 있고, 사투리가 있고, 외래어가 있고, 신조어가 있고, 특정 분야에서 주되게 사용하는 전문용어가 있는 것과 마찬가지이다. 통역사는 상황에 맞게 대처해야 한다. 세대에 맞는 표현을 고민하고, 은어나 차별이 담긴 언어를 어떻게 해석할지 판단해야 한다. 특히 수어에서 아직

자리 잡지 못한 신조어나 고유명사 같은 경우는 미리 파악해 다른 언어로 대체하거나 그 뜻을 간명하게 풀어야 한다.

"행사가 1시간이다. 그러면 준비는 그 서너 배가 걸리는 거예요."

미리 숙지하지 않으면 낭패를 본다. 당일 연단에 서서 통역하는 시간보다 사전에 내용을 이해하고 준비하는 데 더 많은 공을 들인다.

"계속 물어봐요. 행사 주최 단위에도 물어보고, 물어봤던 거 또 묻고. 용어도 묻고, 이 멘트가 어떤 상황에서 나오는 건지도 묻고."

최근 화제가 된 영상이 있다. 찰스 3세 대관식 공연에서 클레어 에드워즈라는 여성이 수어 통역을 하는 장면인데, 그는 마치 춤을 추는 듯 온몸을 사용해 노래 가사는 물론 곡의 분위기까지 전달했다. 보라색 정장까지 잘 어울려 영국의 통역사가 무대 자체를 즐기는 '힙'한 모습이 화제였다. 장진석을 통해 수어 통역의 준비와 노동에 대해 들은 후라, 나는 저 '힙한' 통역사가 무대 뒤에서 보냈을 시간을 더듬었다.

"음악 행사 같은 경우는 거의 제가 공연한다고 생각하고 준비하죠. 특히 젊은 사람들 축제는 모르는 노래가 많이 나오잖아요. 팝송 같은 것은 한국어로 번역

텍스트뿐 아니라 맥락과 어조까지 전달하기 위해, 행사 현장에서의 수어 통역에는 특히 더 철저한 준비가 필요하다.

베테랑의 몸

어지는 건 당연하고요.' 화면 구석 작은 동그라미, 이것이 이 사회가 농인들에게 내준 자리일 것이다. 이해도 공존도 없는 자리. 그러는 사이 나이가 들고 시력이 흐려진 농인들은 점차 자신의 언어마저 잃게 된다.

시력 걱정은 농인들만의 것이 아니다. 장진석도 방송사의 강한 불빛에 눈을 자꾸만 찌푸렸다. 방송국이나 조명이 강한 행사장에서 통역을 하는 터라 눈이 금세 뻑뻑해진다. 게다가 제대로 전달하기 위해 방송이 시작되면 쓰고 있던 안경도 벗는다. 눈이 피로하다. 그러니 그의 비닐 파우치에는 안구 건조를 예방하는 안약이 늘 준비되어 있다.

안약을 비롯해 챙겨야 할 물품이 많다. 행사 대본, 일정을 적은 다이어리, 통역 준비를 위해 봐야 할 자료 등이 그의 뚱뚱한 검정 가방에 가득하다. 가방의 두께만큼 그의 준비는 두텁다. 25년째 수어 통역을 하면서도 아직도 통역을 앞두고 긴장된다는 사람. 자신이 생각하기에 베테랑은 어떤 사람이냐고 물으니 "준비를 열심히 하는 사람"이라고 한다. 이때의 준비는 단지 대본이나 악보 속에만 있지 않다.

"현장에 와야 답이 보이거든요. 현장을 꾸준하게 다닌 사람들과 그렇지 않은 사람들은 실제 통역할 때 나오는 표현이 달라요."

그가 자주 찾는 현장 중 하나는 소보사 대안학교.[2] 소보사 학교는 국내에서 유일하게 교사들이 수어로만 수업을 하는 곳이다. 그곳에서 장진석은 학생인 양 얌전히 앉아 수업을 듣기도, 함께 토론에 참여하기도 한다. 손이 필요할 때는 통역을 하기도 한다. 그렇게 현장에서 다시 무대로 온다. 그리고 말을 전한다.

"통역이 잘됐다, 그러면 뿌듯하죠. 나 오늘은 진짜 잘했어, 이러면서 혼자 좋아서 킥킥거리고. 걸어가면서 '오늘 진짜 잘했다, 막힘없이. 맛있는 거 먹어야겠다.'"

보이는 언어라는 것이

음성 체계에서 만들어진 청인들의 말을 농인들에게 전달하는 것이 불가능한 순간도 있다. 이것은 통역사의 능력을 벗어난 문제이다.

"예를 들어 '간장 공장 공장장은…' 이게 음성으로 들으면서 즐기는 건데. 수화로 하면 아주 재미가 없어요. 간장과 공장장은 완전 다른 단어니까."

이럴 때면 정말 외국어 같구나 싶다. 전달 체계가 다르다. 지문자를 말할 때 손가락이나 근육이 아프다는 것을 떠올리며 그에게 물었다.

"상대를 부를 때는 이름을 지문자로 쓰나요?"

---

[2]   소보사는 '소리를 보여주는 사람들'의 줄임말이다. 소보사 대안학교는 2017년 문을 열었다. 농인들과 농정체성에 공감하는 사람들이 함께 지내며 농문화를 전하고 배우는 학교이다.

그가 말했다.

"같이 있으면 이렇게 툭툭 치면 되는 걸요."

그러게, 바로 앞에 있는데 이름을 부를 필요는 없다. 농인들에겐 어깨나 팔을 치는 것도 언어 표현 중 하나이다. '나 너 좋아해'라는 말을 수어로 알려달라고 하면, 수어를 쓰는 사람들은 '좋아해'라는 의미의 동작만 했다. 왜? 지금 눈을 마주치는 것만으로 이미 '너'라고 지칭을 하는 것이니까. 이렇게 효율적인 언어가 있다니. 돌이켜보니 나의 질문에는 음성 언어가 더 편리하다는 전제가 깔려 있었다. 아무리 장애인을 차별하지 말라거나, 비장애인과 장애인이 평등하다고 말하는 사람들도 장애는 불편하고 비장애는 편리하다는 생각을 의심 없이 한다.

수어의 특징은 시각에 크게 의존한다는 것. 더 분명하고 직접적인 표현을 사용하여 말하기에, 청인들이 생각하는 것과 달리 대화에서의 오해가 적다고 했다. 뉘앙스로 대강 추측하는 일이 없다. 물론 그 사이에서 더 분명하게 통역해야 하는 사람의 고충도 있다.

"예전에 수어통역센터 소속으로 일하면서 민원이나 고충 문제를 처리하던 때가 있는데, '어떤 말을 전할게요' 하면 그게 안 받아들여지는 거예요. 자기가 있는 데서 그걸 전하는지를 봐야 하는 거예요. 나이가 있

는 어르신들이 유독 그러긴 하셨는데, 이분들에게 언어
는 전달하는 게 아니라 보여지는 거라서. 눈으로 확인
을 해야 안심을 하는 거죠."

통역사는 전화로 해도 될 일을 먼 걸음 하여 직접
얼굴을 보고 전달해야 한다. 그렇게 언어가 보였다고
생각될 때 농인 민원인은 안도한다.

그런데 시각에 의존하는 이 언어는 직접적이라, 편
견마저 직접적으로 드러낼 때가 있다. 사람이나 집단을
지칭할 때 편견은 쉽게 드러난다. 대중에게 널리 알려
진 유명인의 이름은 지문자로 한 글자씩 써서 표현하는
일이 드물다. 대화가 길어지고 전달도 어려우니, 그 사
람이 가진 외적인 특징을 가지고 이름 대신 고유명사를
만든다.

"수화라는 게 한눈에 들어오는 특징을 언어화하니
까. 얼굴 흉터라든가, 이런 걸로 만들게 되어 있어요."

장진석이 모 유명인을 부르는 고유명사를 수어로
표현했을 때, 나와 사진작가는 잠시 할 말을 잃었다. 그
리고 소곤거렸다. '이거 혐오 표현 아니에요?' 그가 손
가락으로 눈을 찢는 포즈를 취한 것이다. 이건 서양 문
화권에서 동양인을 비하할 때 쓰는 표현인데. 한눈에
들어오고 단번에 이해되는 표현만이 수어로 살아남을
수 있기에 이런 단어들이 적지 않다고 했다. 하지만 이

또한 언어이기에 달라지고 있다.

"구어(청인 언어)도 옛날 세대가 젊은 세대보다는 좀 차별적인 말을 더 많이 쓰잖아요. 말도 거칠고. 이게 세대가 달라질수록 순화가 되는 건데. 농인들의 언어도 마찬가지라도 생각하면 될 거 같아요."❸

이런 표현을 걸러내는 것도 통역사의 일 중 하나이다. 무엇이 문제가 되는 표현인지를 알기 위해서는 공부가 필요하다. 세상에 관심을 두는 일을 멈출 수 있을 리 없다.

수어통역협동조합을 만들다

아쉽게도 이 사회는 농인들의 언어에 관심이 없다. 이는 국내 수어통역사 인원에서도 드러난다. 10여 년 전 장진석이 정부에서 운영하는 수어통역센터에 근무했을 때나 지금이나, 지역구 센터마다 상주하는 통역사는 서넛에 불과하다. 아니다, 지역구 센터는 서울에 국한된 이야기이다. 지역으로 가면 센터는 시 단위로 개설된다. 반면 수도권 외 지역일수록 고령층 농인이 많다.

"특히 노인분들은 병원에 자주 가셔야 하잖아요."

인터넷이나 전자 서비스 이용이 익숙하지 않는 연령층이다. 필요에 비해 통역사 인원은 한참 부족하다.

---

❸　차별과 혐오표현이 없는 '대안수어' 용어를 만들어가는 노력이 있다. 한 예로, 한국농인LGBT 설립준비위원회는 성소수자와 관련된 수어의 부정적이고 혐오적인 표현을 바꾸겠다는 목표를 가지고 활동하고 있다.

국내에는 2000여 명의 수어통역사가 존재한다고 한다. 이마저도 자격증 취득자 숫자일 뿐, 현업 수어통역사는 이보다 더 적다. 국내 청각장애인으로 등록된 이의 수는 43만 5000여 명이다. 그래도 2016년 한국수화언어법이 수어에 (청인의) 국어와 동등한 자격을 부여한 뒤로 점차 수어통역사의 수가 늘고 있다.

통역사가 부족한데도 일을 구하지 못하는 통역사가 적지 않다. 앞서 이야기했듯 공공기관에서 고용하는 수어통역사 인원은 턱없이 적다. 대부분 프리랜서이다. 프리랜서의 불안정함은 익히 알려진 바다. 이런 까닭에 그와 동료들은 협동조합을 만들었다. 2018년에 설립된 수어통역협동조합은 현재 60여 명의 통역사가 가입돼 있다.

'농인과 청각장애인들의 사회 참여에 일조하고 의사소통을 지원하기 위한 협업을 하고, 수어통역사들의 역량 강화와 안정적 일자리 확보를 위한 방안들을 공동으로 모색한다.' 이것이 협동조합의 취지. 어릴 적부터 장진석은 그림을 그리라고 하면 이상하게도 사람들이 모여서 마을을 이루는 모습을 그렸다. 같이 무언가를 하는 것이 좋았다. 모여서 함께하는 것은 어렵고도 좋은 일이지만, 특히 내 눈을 끈 것은 농인 수어통역사 조합원들의 성장이다.

"베테랑은,

준비를 열심히 하는 사람."

농인들이 수어통역사가 되어 무대에 선다. 청인 통역사와 농인 통역사가 협업하는 것이다. 청인이 소리를 듣고 수어로 표현한 것을 농인이 다시 농인 문화에 더 적절한 수어로 재번역하는 통역 방식이다. 하지만 수어 통역사도 마지못해 부르는 행사가 적지 않은 현실이니만큼, 농인 통역사를 반기지 않는 곳도 많다. 번거롭다고 여기는 것이다. 농인 통역사가 혼자였다면 여러 불편함을 이유로 무대에 설 기회조차 박탈당했을 것이다. 하지만 함께하기에 기회를 같이 만들어간다.

국내에선 흔치 않은 일이다만, 미국이나 유럽 등지에선 농인 통역사가 정부의 주요 브리핑 자리에도 함께한다.[4] 더 정확한 정보를 전달하기 위함이라고 했다. 한국인이 가장 한국어를 잘 구사하듯 수어를 가장 잘 구사하는 건 농인이니까.

"아직은 협동조합에서도 농인 통역사의 활동이 활발하진 못해요. 행사 주최 측에서 예산을 늘려주지 않는 이상 현실적인 이유도 있고, 아직은 걸음마 단계. 그럼에도 영상 통역의 경우 농인과 청인이 원고를 보고 같이 토의해서 좋은 표현들을 미리 만들어 통역하는 일이 눈에 띄게 늘고 있기도 해요."

---

[4] 김대빈, "미국 오하이오 주의 공인 농인통역사, 코로나19 정보를 전하다", 에이블뉴스, 2022.09.04, https://www.ablenews.co.kr/news/articleView.html?idxno=99865

화려한 언어, 수어

수어는 침묵의 언어가 아니다. 장진석은 수어의 아름다움에 대해 자주 언급했다. 그 언어가 얼마나 풍부하고 화려한지 알려주고 싶어 했다. 예로 든 한 농인의 표현이 있다.

"봄, 여름, 가을, 겨울 단어를 따로 쓰는 게 아니라, 갑자기 손으로 나무로 만들고, 그 나무에 나비가 날아오고, 그런데 갑자기 비가 내리는 거예요. 좀 있다가 나뭇잎이 툭툭 떨어지고."

마치 한 폭의 그림을 보는 거 같았다고 했다. 손가락 4개를 들어 계절을 나타내는 단어를 쓰지 않아도, 사계가 한눈에 펼쳐진다. 차마 따라 흉내조차 낼 수 없는 표현이었다. 몸짓으로 그려낸다. 이것은 문학의 영역이다. 수어시라는 장르가 있다. 동작으로 운율을 만든다. 하지만 국내에선 거의 찾아볼 수 없는 문학 장르이기도 하다. 수어라는 말의 '불가능성'밖에 보지 못하는 우리의 인식 체계가 수어의 '가능성'을 잠재워온 것이다.[5] 이 화려한 언어가 보이지 않는다.

---

[5] "우리나라는 수어시 불모지나 다름없다. 한국 농 사회에는 청인들의 막강한 영향력으로 인해 농인 문화와 청인 문화의 혼종인 '수화노래'가 만연해 있으며, '소리'라는 청인 문화로부터 독립된 진정한 농인의 문학을 키워내지 못해왔다. 한동안 수어 콩트가 종교 서사를 중심으로 명맥을 유지했으나 그마저도 '수화찬양'이란 장르에 밀려 자취를 감춘 지 오래되었고, 그 예술적 역량과 농문화성은 수화뮤지컬에 소모되고 있는 게 농 사회의 현실이다." (출처: 김유미·변강석, "농인의 내러티브가 담긴 농문화의 정수, 수어시", 비마이너, 2018.08.30, https://www.beminor.com/news/articleView.html?idxno=12547)

우리가 아는 방식으로만 그들의 언어를 들으려고 하니, 그들이 말하는데도 보이지 않는다. 세상이 농인의 말을 귀담아듣지 않기에, 그 말을 전하는 통역사는 오늘도 분주하다.

그 편리와 효율은 누가 정한 걸까

농인(Deaf Person)은 청각장애를 지니고 있는 이 중 수어를 제
1언어로 사용하고, 수어에 기반한 독자적인 농문화를 영위하는
사람을 뜻한다. 한국수어는 농인 공동체 내에서 사용되던 단어
였지만 지금은 법적으로 규정된 용어이다. 농인들은 자신들의
언어와 문화를 청인들의 하위 문화로 생각하지 않고 독자적인
소수 문화라고 여긴다고 했다. 머리로는 나도 알고 있었다. 그래
서 편리하게 세운 거리감이 '외국어'였다. 농인들의 언어는 외국
어라고 생각했다.

그런데 외국어조차 '다른 나라 언어'라는 의미만을 지니지
않는다. 현실 속 힘의 관계에서 영어, 스페인어, 베트남어, 중국
어, 벵골어… 언어가 각기 지니는 위상이 다르다. 어떤 외국어는
구사하면 능력으로 대우를 받는 한편, 어떤 외국어는 통역조차
필요 없다고 치부된다. 수어는 이 사회에서 어떤 위치를 지닌 언
어인가.

내가 종종 입밖에 내는 바람이 있다. "사람들이 자기만의 언
어를 찾았으면 좋겠다." 그것은 사람들이 독창적이고 미학적인 글
을 쓰거나 책을 냈으면 좋겠다는 이야기가 아니었다. 코다(농인
부모를 둔 청인 자녀)로서의 경험을 담은 저서를 쓴 이길보라 감
독은 "언어를 찾는 일"을 두고 이렇게 말했다. "내 몸에 겹겹이 쌓
여 있던 행동 양식과 가치 판단을 하나하나 풀어 나를 가두던 틀
을 바라보는"[6]일. 자신만의 언어를 찾자는 말은 사회가 빚은 그

---

[6]   이길보라·이현화·황지성, 《우리는 코다입니다》, 교양인, 2019, 59쪽.

릇을 벗어나 보자는 의미였다.

수어통역사를 통해 수어를 엿봤다. 이후 수어에 관한 어설
픈 공부가 이어졌다. 수어통역사는 수어라는 언어를 노동의 도
구와 재료로 쓰는 사람이었고, 그가 하는 노동에 관해 알고자 한
다면 그 재료를 알아야 했다. 그러면서 알게 된 것은, 내가 세상
이 '정상-비장애'라고 말하는 상태를 조금 더 편리한 상태라고
의심 없이 믿고 있다는 사실이었다. '소리를 듣는 것이 소리를
듣지 못하는 것보다 편리하다, 더 효율적이다' 그렇게 생각했다.
그런데 막상 농인들의 말을 배워보니, 그렇지도 않았다. 모른 채
판단한다.

애초에 그 편리와 효율의 기준은 누가 정한 걸까. 그제야
왜 농인들이 독자적인 언어와 문화를 지닌 사람들로 인정받고자
하는지 살짝이나마 이해할 수 있었다. 그들은 비농인이 얼마나
답답했을까. 장진석의 사부가 구락부로 그를 데려가선 "수어를
모르는 불쌍한 젊은 애"라고 소개하던 대목이 설핏 이해가 간다.
타인의 언어를 안다는 것은 이런 일이구나. 순간, 의심과 깨달음
을 자신의 노동으로 겪어왔을 장진석이 부러웠다.

그리고 수어통역사를 만났기에 알게 된 깨달음인데, 농인
은 수어통역사를 통해서만 만날 수 있는 존재가 아니다. 한 농인
활동가의 말을 빌려온다.

"농인을 수어통역사를 통해서만 만날 수 있다고 생각하지
않았으면 좋겠어요. 수어통역사가 없으면 농인을 만날 수 없다
고 생각하니까, 농인이 (수어통역사를 고용할) 돈이 있어야만 만
날 수 있는 존재가 되어버렸더라고요. 물론 그것도 중요한 부분

이긴 하지만, 사실 농인과 청인은 정말 다양한 형태로 만날 수 있거든요."❼

❼   박주연, "'한국수어'에서 혐오표현 빼고, 존중과 긍정 더하기",일다, 2023.03.28, https://www.ildaro.com/9593

일러스트레이터·
전시기획자

전포롱

"표현하고 싶은 것이
있어서"

들어가며

"저는 너무 당연히 그리는 사람이어서."
그림 그리지 않는 삶은 상상한 적 없다고 했다. 언제
미술을 시작했냐고 묻자 전포롱이 한 답이었다. 벽지를
형형색색 크레용으로 채우던 꼬마는 또래가 있는
어린이집 대신 미술 학원에 갔다. 중학생 언니 오빠들
틈에서 소묘용 석고상을 따라 그리며 컸다. 그러고
들어간 초등학교에서 그는 어딘가 모자란 아이였다.

"사립학교였고 한 학년에 두세 반밖에 없었어요.
전교생이 서로 다 아는 그런 학교. 저는 거기서
늘 모자란 아이였어요. 우리 집은 못사는데 너무
잘사는 애들만 있는 학교에 간 거예요. 유일하게
잘하는 게, 칭찬받는 게 그림이었어요. 제가
그린 만화 캐릭터를 받으려고 줄 서서 기다리는
애들이 늘 있었고. 그때는 그걸 제 유일한
쓸모처럼 느꼈던 것 같아요. 나는 그림을 그리는
사람이구나, 그림을 그려야겠다."

인생에 있어 쓸모를 발견했고, 쓸모에 따라 살기로 했다.
당연히 그리는 사람이 됐다. 하지만 작업하는 모습을
촬영하고 싶다는 사진작가에게 전포롱은 이렇게 말했다.

"오랜만이라. 안 그린 지 반년쯤 됐는데…."
평생 해온 일을 그만뒀다. 상상해본 적 없는 삶을 사는
중이다.

색으로 감정을 말하려면

"세상의 다양한 색을 모아 이야기를 그리는 사람, 전포롱입니다."

몇 년 전 그가 자신을 소개하는 영상을 본다. 사람들에게 오일파스텔 기법에 관해 설명하는 장면이었다. 꽃, 고양이, 동화, 파스텔…. 온갖 말랑한 단어만 모아놓은 것 같은 영상 속에서 전포롱은 행복해 보였는데. 사람들 앞에 서는 그 잠시간의 모습이 작업실 한쪽에 몸을 수그리고 앉은 거의 대부분의 날을 말해주지 못한다는 것은 안다. 작업대 앞에서 혼자 버텨야 하는 시간이 있다. 책상과 옷에 얼룩이 묻고, 손이 범벅이 되고, 자신이 눈치채지 못할 몸 구석구석에 칠을 묻힌 후에야 그림은 완성된다.

"저에게 파스텔 톤의, 굉장히 따뜻하고 귀여운 그림을 그린다고 이야기해주는 분도 있고, 내면의 우울하고 어두운 부분까지 비춰줘서 위로된다고 하는 분도 있어요. 그 둘 다 제 그림인 것 같아요."

내 안에 헤아릴 수 없이 들어찬 감정을 색으로 표현하고 싶었다. 그럼에도 처음에는 밝은 톤의 그림을 주로 그렸다.

"그럴수록 다 거짓말 같다는 기분이 드는 거예요."

알록달록하기만 할 리 없다. 자신의 속은 얼룩덜룩

곪아 있는데, 그림은 사람들의 사랑을 갈구하듯 밝기만
했다.

"한참을 하다가 하다가 겨우 깨달았어요. 나는 지
금 내 쓸모를 보이려고 그리고 있구나."

작품에서 자신의 쓸모를 증명받으려고 안달 난 마음
을 보았다. 언제까지고 초등학교 교실에 머물 수 없었다.

"그 후로 사람들이 좋아하든 말든 부정적인 감정
도 막 쏟아냈어요. 처음에는 우울하고 어두운 감정을
해소해보려고 그랬던 건데, 어느새 그게 저를 잡아먹더
라고요. 물론 그리면서 카타르시스가 없었던 건 아니에
요. 그렇지만 계속 내가 나에게 시키는 거예요. 더 센
감정으로 가져와. 그 시기를 지나고는 나를 좀 내려놓
는다는 생각으로 그렸어요. 그렇게 제가 표현하고 싶은
감정을 아등바등하면서 어떻게든 다 그려냈더니, 더는
그리고 싶은 감정이 없는 거예요."

마치 연애 같다고 했다.

"볼 꼴 못 볼 꼴 다 보고, 모든 감정을 다 쏟아내고
끝난 연애는 오히려 아쉬울 게 없잖아요."

연애의 끝이 그렇게 쉬울 리 없다. 얼마나 좋아했
는데. 그는 자지도 먹지도 않고 그리는 사람이었다. 그의
배우자이자 동료 작가인 토마쓰리가 일러준 이야기이다.

"포롱이는 작업할 때면 잠도 안 자고 밥도 안 먹

고. 진짜 다 쏟아부어서 하는데. 아무리 작업하는 사람들이라고 해서 누구나 다 그렇게 쏟아부으며 그리진 못하거든요. 저도 그렇고요. 저렇게까지 작업하는 사람은 드물 거예요."

학부생 때는 양배추만 먹고 사는 애로 유명했다고 한다. 양배추는 생으로 먹어도 되니까. 요리하는 법을 몰랐다. 그림 말고 관심이 없었다. 지금 내 앞에 있는 그는 배가 고프다며 피자를 시켜놓고 우릴 기다린 사람이었는데도, 나는 굶는 게 일상이었던 전포롱을 아는 것만 같다. 그가 들려준 이야기에서 그가 멈췄다는 말을 들어본 적이 없기 때문이다. 부정한 감정이건 한계이건, 무언가에 부딪혀도 그리기를 멈추질 못했다. 오히려 "하다가 하다가" 더는 안 되겠어서 깨달아 버린다. 그만큼 좋아한다는 거겠지. 이 집착 어린 애정은 직접적인 통증 앞에서도 여전했다.

새로이 찾은 도구

10년 전만 해도 전포롱은 색연필을 그림 도구로 삼았다. 얇고 단단한 연필심으로 도화지를 빈틈없이 메웠다. 작은 틈새도 용납하질 못했다. 선 하나만 삐져나와도 다시 그렸다. 나만 아는 흠, 그러나 결국 누군가는 발견해낼 흠이 작품에 담기는 걸 견딜 수 없었다. 그게 흠이 아니라 무언가가 만들어지는 과정에서 나오게 되는 자연스러운 표현이라는 것을 인정하기 어려웠다. 그 결과로 손목 통증을 얻었다. 파스를 붙이고 손목 보호대를 차는 걸로 버텨보았지만 소용없었다. 다른 재료를 찾아야 했다. 아크릴 물감, 유화 물감, 수채화 물감, 소묘용 연필…. 헤매던 끝에 오일파스텔을 만났다. 어릴 적 쓰던 크레파스❶를 떠오르게 하는 재료였다. 그 점에 마음이 끌렸다.

"크레파스 같은 재료여서 제 마음을 그냥 있는 그대로 털어놓을 수 있었던 것 같아요. 어린 시절에는 '누구한테 보여줘야지' 이런 마음으로 그리지 않잖아요. 그냥 그리고 싶으니까. 그때로 돌아가 그릴 수 있는 재료여서 너무 좋은 거예요."

전포롱이 오일파스텔을 처음 접한 것은 대학 시절이었다.

"저는 시각디자인 전공이었는데 다른 과에 가서 일러스트 수업을 들었어요. 수업이 그림책 위주로 진행됐는데, 저희 세대보다 더 위 세대는 일러스트 활동이 그림책에 집중됐거든요. 그런데 그림책에선 오일파스텔을 많이 사용했나 봐요."

디지털 작업이 아닌 수작업이라 부르는, 직접 손으로 밑그림을 그리고 채색하는 것을 선호하던 전포롱이

---

❶   상품명이 대중화된 크레파스는, 사실상 아동용 오일파스텔이다.

그림책 작업에서 주로 쓰던 오일파스텔에 관심을 가진 것은 당연한 일이었다. 오일파스텔은 발색이 좋아 손도 많이 가지 않았다. 힘을 주지 않아도 되는 작업. 손목이 아팠기에 더 적합한 도구였다. 이때부터 다양한 색감과 더불어, 자유로운 터치가 전포롱 그림의 특징이 됐다. 여백을 조금도 용납하지 않았던 지난 작업 방식에서 벗어나 색의 흐트러짐을 인정하게 된 것이다. 작업 스타일이 그렇게나 달라진다고? 의아하게 여기며 전포롱이 건넨 오일파스텔 하나를 받아 든다.

꾸덕하다. 촉촉하면서도 단단한 감촉. 만지는 것만으로 오일파스텔 드로잉이 직장인들 사이에서 힐링 취미로 부상한 이유를 이해한다. 어떤 것은 꾸덕하다 못해 찐득하다. 묘하게 위로가 되는 점성이다. 손에 쥔 힘이 자연스레 풀린다. 이 녹아들 듯한 부드러움이 전포롱을 안심시켰겠지.

"여름 되면 얘네가 완전히 녹아요."

그가 자기 손을 펼쳐 보여준다. 색칠 장난을 한 아이 손처럼 엉망이다.

재미있어서 안달이 났던

당시 오일파스텔은 잘 알려지지 않은 도구였다. 대형 화방이 아니고선 구하기조차 힘들었다. 국내에서 구할

수 있는 파스텔도 몇 종류 되지 않았다. 그것으로 성이
차지 않았다. 외국에서 판매하는 오일파스텔을 구해 저
마다 지닌 질감과 번짐 정도, 발색력을 비교했다. 같은
종류라 할지라도, 힘을 가하는 방식에 따라 전혀 다른
표현이 나왔다. 기름지고 꾸덕꾸덕한 표면만 만들어내
는 것이 아니다. 힘을 빼고 칠하면 마치 붓끝으로 점을
찍은 듯 보이는 거칠지만 가벼운 표현이 가능하다. 빽
빽하게 여백을 메워 칠할 경우에는 아크릴 물감으로 채
색한 듯 매끈하다.[2]

전포롱은 파스텔을 옆으로 눕혀 도화지에 스치듯
그리기도, 손으로 문질러 색을 섞기도 했다.

"오일파스텔이 너무 재미있어서 안달이 났던 시기
가 있어요. 알고 싶어서. 1~2년을 푹 빠져서 매일 여기
서부터 저기까지 그렸어요."

전포롱이 가리킨 것은 한 길이나 되는 탁자. 그림
그리는 모습을 촬영하고 싶다는 요청에 작업대에 앉은
그는 방금 한 말을 증명이라도 하듯 손이 빠르다. 진짜
오랜만에 파스텔을 만진다고 하더니, 몇 분도 지나지
않아 흰 도화지에서 다홍 양귀비꽃을 닮은 아이가 드러
난다. 사진작가가 연신 "조금만 천천히"를 외칠 지경이
다. 몇 번을 반복해 그리지 않고는 나올 수 없는 속도

[2]   전초롱, 〈꽃과 인물을 소재로 한 오일파스텔 표현 기법 연구〉, 국민대학교
디자인대학원 석사학위 논문, 2020.

다. 손놀림은 빠르나 움직임은 크지 않다. 간혹 들썩이는 어깨가 그가 지금 작업을 하고 있음을 알린다. 둥글게 말린 어깨와 길게 뺀 목, 기울어진 등이 그의 분주한 손길을 숨긴다. 저 자세를 안다. 오랜 시간 한자리에 붙박여 일한 사람만이 가지는 뒤태가 있다.

그 시간을 거쳐 언젠가부터 오일파스텔을 손에 쥐면 하얀 도화지 안은 전부 내 세상이었다.

"바깥 세상은 도저히 내가 컨트롤 할 수 있는 게 없고 내 감정 하나조차 내가 감당할 수 없는데, 무슨 색을 쓸 건지 무얼 넣고 뺄 건지 얼마나 번지게 할 건지 다 내가 정해서 그대로 할 수 있으니까. 그럴 때 정말 즐겁거든요."

같은 이유로 그림은 괴롭다. 내 마음대로 되지 않으니까.

"내 마음대로 되는 건 오로지 기법. 오일파스텔이라는 재료를 다루는 그거 하나인 것 같아요. 그림 그리는 일은 제 마음대로 못하거든요."

그는 도구를 다루는 일과 작품 만드는 일을 구분해 말한다. 구분할 수 없는 일을 구분하는 것은 작품이 정말 나의 의지대로 되지 않기 때문이다. 노력한다. 끝도 없이 한다. 내내 생각한다.

"제가 강박적으로 메모하고 스케치하고 그런 습관

↑   전포롱의 작업실 겸 집. 그림을 그리며 어두운 감정에 압도되지 않기 위해
작업대 근처에 아기자기한 물건을 함께 둔다고 했다.

베테랑의 몸

이 있었거든요."

한때는 가방에 스케치 노트를 몇 권씩 넣고 다녔다. 그림 생각은 거리에서도 지하철에서도 계속됐다. 그가 주로 그리는 것은 인물이나 캐릭터의 얼굴이다. 정면을 응시한 인물들이 몽환적인 색채를 덧입고 다채로운 표정을 짓는다. 표정은 수많은 감정을 드러내는 동시에 가두는 초입의 장소이다. 거기에는 많은 이야기가 있다. 그래서 사람들 얼굴을 빤히 보곤 했다. 그러다 보면 사람 얼굴이 사람이 아닌 감정을 담은 그릇으로만 느껴질 때가 있었다.

"지하철 같은 데서 모르는 사람 표정을 막 그렸어요. 지금 생각하면 얼마나 무례한 일이에요. 그러다 보면 나도 모르게 사람 얼굴이 구도로만 느껴지는 순간도 있어요. '내가 사람을 이렇게 대해도 되나?' 후회도 하고. 차츰 작업 방식을 달리하면서, 상대를 온전히 들여다보려 애썼죠. 내가 그리는 대상을 온전히 느껴야지 그림이 더 깊어지는 것도 맞으니까요. 그런데 또 작업하면서 사람을 사람으로 느껴버리면 제가 너무 힘들어지더라고요."

알 수 없는 타인을 알려니 괴롭다. 그리는 일이 자신의 마음대로 안 된다고 한 이유 중 하나일 것이다. 좁은 화폭 밖에는 마음대로 되지 않는 더 많은 일이 기다린다. 사람들의 평을 이끌어내고 그것을 생계로 연결 짓는 일.

실력으로 인정받고 싶은

전시나 외주 마감을 앞두면 몇 날 며칠 자지도 먹지도 못했다. 두 손에 잔뜩 파스텔 얼룩을 묻히고 소파에 너부러져 있으면 배우자인 토마쓰리가 아이 이유식을 먹이듯 수저를 들고 와 끼니를 챙겼다. 아무리 씻어도 손톱 안쪽까지 들어차 지워지지 않는 검붉은 파스텔을 핑계 삼았지만, 의식주로 이뤄진 일상에서 멀어지는 이유는 그것만이 아니었다.

불안 때문에 먹지 못했고, 불안에 자리를 내주지 않기 위해 그렸다.

"그림으로 돈을 번 기간이 딱 10년인데 그 10년 동안 이 생각뿐이었어요. '사람들 마음에 안 들면 어떻게 하지?' 시간은 모자라고 체력은 너무 달리고. 나는 최선을 다했지만, 이게 최선의 작품일까."

전포롱의 그림을 아끼는 사람이 많았다. 사실 그는 꽤 인기 있는 창작가였다. 한 매체의 표현을 빌리자면, "한때 70회 이상 전시를 열고 각종 외주 러브 콜을 받을 만큼 인기 작가"[3]이다. 몽환적인 분위기를 연출하는 색

❸　안정윤, "잘 나가던 일러스트레이터 '전포롱'이 돌연 은퇴 후 여성 창작자 갤러리를 연 이유와 그가 꿈꾸는 차별 없는 세상", 허프포스트코리아, 2022.11.25, https://www.huffingtonpost.kr/news/articleView.html?idxno=204955

감과 동화 속 등장인물의 조합이 사람들의 마음을 사로 잡아서, 어느 날 유명해져 버렸다. 아니다, 어느 날이 아니다. 개인 전시를 하고, 굿즈 상품을 만들고, 텀블벅을 하고, 외주 작업을 하고, 작품을 알릴 수 있는 모든 것들을 했다. 그는 자신의 직업을 찾아주는 사람이 없으면 사라지는 일이라 여겼다. 그러니까 일러스트레이터로 살아남을 수 있는 모든 일을 했다.

주로 작품을 선보이는 공간은 인스타그램 같은 사회관계망서비스(SNS). 젊은 창작자들의 전시 공간이다. 그곳에선 시간이 빠르게 흐른다.

"세상이 이렇게 빨리 변해가는데, 하루라도 작품을 안 올리면 나는 잊히겠구나."

조회 수로 자신을 하루하루 증명해야 하는 삶. 지칠 만도 하다. 창작자로서도, 노동자로서도 지쳤다. 그리고 그를 지치게 하는 또 다른 수식어는 '여성'이었다. 그는 여성 창작자였다. 아니다. 그는 20대 초중반까지 자신은 성별이 없는 창작자였다고 했다.

"좀 말하기가 부끄럽기도 한데. 대학 다닐 땐 제가 더 나서서 남자 같이 굴고 싶어 하고, 그들 사이에 끼고 싶고, 그랬던 것 같아요."

말은 이리 하지만 전포롱은 그저 털털하게 보이고 싶었을 뿐이다. '예민한 여자애'로 취급받고 싶지 않

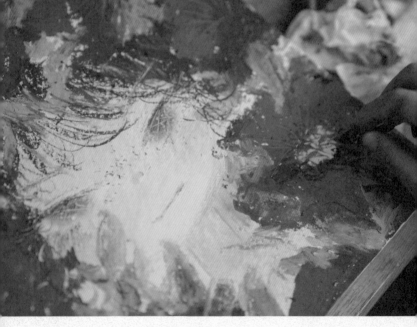

베테랑의 몸

앉고, 온전히 그림 실력으로 인정받고 싶었다. 당시에는 그 길이 '남자인 것마냥' 구는 것밖에 없었다.

"내가 남자처럼 굴어야 그나마 받아 들여준다고 생각을 했던 것 같아요."

그러나 2017년, 강남역 살인 사건으로 한국 사회 지형이 흔들린다.

"그게 저에겐 굉장한 경험이어서. 저를 여성 창작자로 자각하게 되는 계기이기도 했지만, 너무 힘든 경험이기도 해서. 제 우울이 이때 커졌기도 했으니까요."

무엇을 그려야 할지 몰랐다. 내가 지금까지 살았던 세상이 어떤 세상이었는지를 의심하고 나니 자신이 그리는 그림에 확신이 사라졌다. "아름다운 것을 그리고 싶다고 할 때, 그 아름다운 게 뭐지? 모르겠는 거예요." 뚱뚱한 것보다 날씬한 것이 아름답고, 늙음보다 젊음이, 손상을 지닌 몸보다 건강한 몸이 더 아름답다고 말하는 세상이다. 여성의 아름다운 미소와 남성의 호탕한 웃음을 나누는 세상에서, 인물과 표정을 주로 그리던 여성 창작자는 혼란에 빠졌다. 그렇게 작품마다 자기 검열이 뒤따랐다.

"자기 검열을 하다가 나는 그림 그릴 자격이 없어, 하면서 그만두는 친구들이 많았어요."

전포롱은 괴로웠고, 자신도 사라지고 싶었다.

그래서 여기, 혼란스럽고 지쳤기에 작품 활동을 그만둔 전직 일러스트레이터가 있느냐고? 아니다. 그는 그저 그리는 일을 졸업했을 뿐이다. 졸업 작품이라 할 만한 것은 《꽃의 이름으로》라는 책자. 우울에 빠져 있던 어떤 날, 그림을 그만 그려야겠다고 마음먹었다. 이 생각이 뒤따라왔다. 그러면 더는 살 의미가 없지 않나. 마지막 여행이라는 생각으로 프랑스에 갔다.

"죽겠다고 다짐하고 간 건데 유럽 화방에 가서 오일파스텔을 사고 있는 거예요. 더는 안 그리겠다고 간 건데."

다음 행선지는 모네의 정원. 클로드 모네가 생애 마지막을 보낸 곳. 그의 대표 작품인 연작 〈수련〉이 여기서 그려졌다. 정원에 갔는데, 꽃들이 너무 열심히 피어 있더란다. 풍성한 색채를 머금은 꽃나무들에서 삶을 충실하고도 묵묵하게 받아들인 이의 얼굴을 읽은 걸까. 돌아와 꽃을 그렸다. 꽃들에게 이름을 지어주고 얼굴을 선물해주고 싶었다. 새로이 시작하는 일이 아니었다. 그만둘 준비였다. 2022년 봄, 전포롱의 마지막 전시가 있었다.

이후 다른 일도 하고 다른 공부도 했다. 책도 읽고, 사람들도 만났다. 그림밖에 모르고 살아서 할 줄 아는 것이 없었다. 그러던 중 동료들 부탁으로 전시나 펀딩 기획을 도와주게 됐다.

"해보니까 저 잘하는 거예요. 그리던 거랑 완전히 다른 감각으로 즐거운 기분이어서. 그리는 일에는 여러 감정이 들러붙으니까 내가 그림을 진짜 사랑하고 있다는 사실을 잊었는데. 오히려 미워한다고 느꼈는데 아니더라고요."

그는 돌아왔다, 전시기획자로.

"돌고 돌아 찾은 게 결국 그림인 거예요. 그림 그리는 거 말고, 그림을 사랑하는 거."

새로운 가야 할 길이 걱정되지 않았냐고 물으니 이리 말한다.

"무사히 끝내겠다는 용기를 내고 나니까 시작할 용기는 필요도 없더라고요."

볼 줄 아는 눈은 숙련의 결과

전포롱의 손에 자신의 작품이 아닌 동료 작가의 작품이 들려 있다. 이제 얼룩이 지워진 그의 손처럼 말끔해진 감정으로 타인의 그림을 볼 수 있게 됐다. 그런 의미에서 이 초보 기획자는 만족스럽다.

"표현하고 싶은 것이 있는데, 제 그림에 끼워 넣으려 할 때는 도저히 안 되는 거예요. 그런데 이제는 이

기획에 가장 어울리는 작가를 찾으면 되니까 너무 좋은 거예요. 이 작가에게서 이걸 끌어내면 뭔가 작품이 확 열릴 것 같은데. 이런 게 보이니까. 실제 그렇게 됐을 땐 너무 기분이 환상적이고요."

볼 줄 아는 눈은 숙련의 결과이다.

"아마 제가 너무 괴로워하며 해봤으니까. 그러니까 이게 보이는 거 같아요."

갈고닦아 기술을 익힌 사람만이 타인의 기술을 알아볼 수 있다. 이 깊은 시선이 한때는 괴로움의 원인이기도 했다. 다른 작가의 장점을 알아채니까.

"실은 너무 좋아해서 질투가 났던 거더라고요. 너무 빛나니까."

그 빛이 사라지지 않았으면 했다. 브레이브 썬샤인 (Brave Sunshine). 동료 작가들의 작품을 걸 갤러리의 이름이 정해졌다. 이름부터 정하고 공간을 찾았다. 을지로 인근을 지날 때, 노란색 건물을 보게 된다. "보자마자 '여기네, 여기야.'" 햇살을 연상시키는 노란빛에 눈이 사로잡혔다. 달빛에 잠긴 그림을 그리던 이가 햇볕이 잘 드는 3층에 공간을 열었다. 이름 그대로 용감한 행보였다.

세상일에 관심 없던 창작자가 공간을 마련하고 운영한다고 하니, 주변에서 걱정이 없지 않았다. 부동산 사회에서 임대라는 게 얼마나 많은 숫자 싸움을 동반하는데. 심지어 그는 숫자에 유독 약하다. 나조차 잘될까 걱정했던 것이 사실이다.

"처음에 문을 열었을 때는, 제가 뭘 그만두기까지 하고 시작한 거니까. 결심이 너무 크니까. '이거 잘 안 되면 끝이다' 이 생각밖에 없었는데, 잘 안 돼도 큰일 안 나더라고요."

갤러리 문을 연 지 1년이 지났다. 한쪽 벽에 그동안 이곳에서 전시를 연 작가들의 포스터가 빼곡하게 붙어 있다.

"조금 천천히 가도 괜찮구나. 작가님들이랑 같이 얘기하면서 지내는 게 재밌어서. 조금 더 재밌게 가봐도 되겠다고 생각하고 있어요."

그렇지만 놓치지 않는 마음이 있다.

"제가 여성 일러스트레이터로 살아가면서 아무리 해도 안 됐던 것들, 기회를 얻는 일들, 그걸 제 동료들은 할 수 있도록 해주고 싶었어요. 제가 겪은 세상보다는 더 상냥한 기회가 펼쳐지는 세상에서 그림을 그렸으면 좋겠어요."

여전히 이곳은 예쁜 그림이나 그리는 애들이라 치부되는 세계이고, 작품으로 인정받는다 하더라도 홀로 프리랜서와 자영업 사이의 세계에 뛰어들어야 한다. 여성 창작자들이 겪을 수 있는 고약한 일들도 있다.

"이 공간을 소개하는데, 제가 자꾸 '여성 창작자들을 위해서'라는 말을 쓰더라고요. '위해서'라는 건 시혜적인 표현인데, 그 말을 쓰더라고요. 왜 그럴까 생각했는데, 그게… 지금 이 공간에서 제가 하는 일이 예전의 저에게 해주고 싶던 일들인 거예요. 그래서 계속 '위해서'라는 말이 나오는 거 같더라고요."

그 시절 전포롱에게 필요한 것은 무엇이었을까. 자신이 작품이 소중하게 다뤄진다는 믿음을 주는 전시 공간. 자기 검열 과정에서 일어나는 혼란을 함께 나눠주는 주변의 지지와 조언. 작품이 팔리지 않으면 수익이 0원인 작가의 경제적인 처지를 고려한 수익 배분과 지급. 이를 마련하기 위해 그는 작년에만 수십 개의 지원서를 썼다고 했다. 예술 창작·전시 관련 지원금을 받기 위해서였다.

"조금이라도 작가들에게 돈을 지급할 수 있게 되니까. 그게 너무 좋은 거예요."

그는 밥값과 병원비를 두고 저울질해야 하는 창작자들의 처지를 알았다. 병원 치료가 사치로 느껴지는 순간이 있다.

"내가 일하면서 가장 크게 느끼는 몸의 변화가 무얼까 생각해보면, 저는 자꾸 남의 몸에 시선이 머물게 되는 거예요. 저 동료도 나처럼 못 챙겨 먹을 텐데. 밥

일러스트레이터·전시기획자 전포롱

사주고 싶고 비타민을 챙겨주게 되고.”

나는 전포롱의 몸에 대해 물었는데, 정작 그는 다른 몸을 말한다. 그러고 보면 전포롱은 몸이 없는 사람처럼 굴었다. 아프지 않은 이상 몸을 개의치 않았다. 아팠을 때조차 작업 유무와 연결되어 이야기될 뿐 고통과 통증이 고유의 서사를 갖지 못했다. 쓰러진 후에나 응급실에 갔고 끌려가듯 진료실에 들어섰다. 그때 전포롱의 고단한 불안에는 몸이라는 것이 들어올 여지가 없어 보였다.

아침에 앉아 그림을 그리다가 몸을 일으키면 어느덧 해가 져서 방 안이 컴컴해지던 시절. 그것을 열정이라 부르는 이도 있지만, 그의 신장은 신우신염으로 되갚았다. 요즘은 그림을 그리지 않아 많이 건강해졌다고 하지만 최근에도 그는 병원 신세를 졌다. 제때 치료하지 못해 야금야금 커진 병이 전포롱의 몸을 채우고 있었다. 나는 조금 답답한 심정이 되어 물었다.

“몸 생각이 안 나는 거예요?”

그는 당연하다는 듯 말했다.

“그리는 중이니까요.”

자기 일이 부끄럽지 않은 사람

‘그리는 중이라서라니, 정답이네’ 생각하고 있을 때 그가 되물었다.

"작가님은 안 그러세요?"

할 말이 없었다. 내 몸을 돌봐야 한다는 말은 다들 쉽게 하지만, 이 또한 자신의 몸을 들여다보고 챙기는 경험이 쌓여 만들어지는 일이었다. 자기 돌봄도 훈련이다. 적지 않은 창작자들이 쓰고 그리고 만들어내는 일의 숙련을 높이기 위해 돌봄에는 시간을 들이지 않는다. 창작자뿐일까. 많은 숙련 노동자들이 겪는 일이었다. 그렇기에 자신의 몸을 돌보는 데 아무런 훈련이 되어 있지 않은 전포롱이 타인의 몸을 살핀다고 했을 때, 나는 그게 좀 의아했다.

시간이 좀 흘러 그와의 인터뷰를 되짚다가, 전포롱이 베테랑에 관해 한 대답을 읽게 됐다. 서른 중반 나이. 베테랑이라는 타이틀을 달고 하는 인터뷰가 부담스럽지 않으냐고 묻자 그는 말했다.

"그림작가로는 너무 부담스러운데, 이 재료를 다루는 사람으로 이야기한다면 부끄럽지 않아요. 저는 베테랑이란 내가 하는 일에 부끄러움이 없는 사람이라고 생각하거든요. 오일파스텔만큼은 내가 정말 잘 안다고, 모르는 게 있어서는 안 된다고 생각했어요. 이거는 부끄럽지 않게 말할 수 있어요."

내가 하는 일에 부끄러움이 없는 것이 베테랑이라

고 했다. 부끄러움이 없는 상태는 자신감, 완벽주의 성향… 무엇으로도 읽을 수 있다. 그런데 내가 눈여겨 본 것은 부끄러움이라는 말이 아니었다. '내가 하는 일'. 전포롱에게 자기 일이라는 것은 무엇일까 생각했다.

자신이 쓰는 도구를 제대로 안다고 말하지 못하는 부끄러운 사람이 되고 싶지 않아서 집요하게 그렸다고 했다. "최선을 다하지만 최선의 작품이 나오는 건 아니잖아요." 도달할 수 없는 곳에 기준을 두고, 그곳에 도달한 상태가 되어야만 부끄러움이 사라진다. 그런 일은 잘 이뤄지지 않으니, 늘 수치를 느낀다. 완성되지 않은 것에 완성작이라는 이름표를 붙여 세상에 내보여야 하는 부끄러움. 그 심정을 알기에 전포롱이 그리기를 그만두었다는 말이 부럽고 반가웠다. 소나기를 피해 처마 밑으로 간 사람을 보는 기분이었다. 젖은 몸이 마르길 바랐다.

그런데 그가 자기 일이라고 말한 영역은 그것만으로 설명될 수 없었다. 전포롱은 자신의 우울에 관해 이야기할 때, 페미니즘 리부트 시기를 빼놓지 않았다. 몸을 그려온 여성들이 어느 날 세상이 어떻게 여자의 몸을 대하는지 알아버린 것이다. 우울하고 부끄러웠다. 그들에게 성에 갇힌 공주나 헐벗은 여성을 그리라고 지시한 출판사나 기획사는 부끄러움을 느끼진 않는데, 여성

"베테랑은,

내가 하는 일에 부끄러움이 없는 사람."

일러스트레이터·전시기획자 전포롱

창작자들만 어찌할 바를 몰라 했다. 그것이 내 눈에는 부당하게만 보였다. 과도한 자책이었다. 자신의 몫이 아닌 부끄러움이었다. 하지만 부당한 수치심이라고 해서 덜 괴로운 것은 아니었다.

전포롱에게 일이란, 여성 창작자로 살아가는 일 자체가 아니었을까. 그런 생각을 한다. 동료들과 부끄러움을 함께 느끼며 괴로워하던 전포롱이 있었다. 그것은 화폭 안에서만으로 해결될 수 없는 문제였다. 그러니 그는 부단히 동료들에게 시선을 돌렸을 게다. 제 몸은 내려다볼 여유도 없으면서. 그 시선을 한 데 모아 만들어낸 '브레이브 썬샤인'은 그와 그 동료들이 부당하게 안고 간 부끄러움을 해치워 주었을까.

자기 일에 부끄러움이 없는 사람이 베테랑이라면, 우리는 우리가 무엇이건 베테랑에 도달하기 쉽지 않다. 우리가 쓰는 사물(도구)과의 관계 맺음으로 시작해서 타인은 물론, 살아가는 터전까지. 우리는 노동을 매개로 이 모든 것과 관계를 맺고 있기에, 그 관계들 사이에서 자유롭기가 어렵다. 자유롭지 않으니 부끄러움은 늘 공동의 것이다. 자주 부끄럽다. 부끄럽지 않기 위해 쓴다. 그린다. 일한다. 노동한다. 무엇이건 시도한다.

"너 좋아하는 일 하잖아"라는 말 뒤에

창작자. 일러스트레이터. 전포롱에게 붙일 수식어에 무엇이 좋을까 생각하다가 이게 적당하겠다 싶었다. 너 좋아하는 일 하는 사람. "너는 너 좋아하는 일 하잖아." 이런 말을 듣는 사람들에게 관심이 많다. 내가 자주 듣는 말이라 그런지도 모르겠다.

이런 말을 들을 때마다 두 가지 반발이 인다. 하나는, 좋아하는 일을 한다고 해서 일의 모든 것을 자연스레 감내할 이유는 없다는 것. 국내 일러스트 작가 10명 중 8명은 업체와 불공정한 계약을 강요받는다고 했다.[4] 좋아한다는 말 앞에 이 같은 부당함은 사적인 문제가 되는 걸까. 창작자들은 왜 이토록 성과금으로만 살아가는 프리랜서 같아야 할까. 또 하나 반박하고 싶은 사실은, 나 이 일 별로 안 좋아한다는 것. 지긋지긋할 때가 더 많다, 여느 노동처럼.

전포롱은 그림 그리는 일을 은퇴했다. 나 또한 그만하고 싶을 때가 있다. 이걸 안 하면 무엇을 하고 살지도 모르겠으면서 그만두고 싶다. (이렇게 써놓고 보니 여느 직장인과 다를 바가 없다.) 타인이 괴롭고 또 괴로워서 한 선택에 부러움을 드러낼 수 있는 까닭은, 나에게 전포롱은 비를 피해 잠시 처마 아래로 들어간 사람만 같기 때문이다. 젖은 옷이 마르면 다시 흰 도화지 앞에 앉을 거라는 막연한 믿음이 있다. 좋아하는 일이니까. 좋아하는 일을 한다는 건 이토록 위험하다.

하지만 이런 단순한 부러움을 드러내기에 좋은 시기가 아

---

❹   서울시 경제진흥본부, 〈문화예술 불공정 실태조사 결과 발표〉, 2017.06.12.

니다. 지금은 여성 창작자들이 "왜 사라지며 어디로 가는가?"를 물을 때이기에. 이 질문은 "이것이 여성 디자이너들이 생존하는 방법이다!"[5] 글에서 빌려왔다. 글은 여성 디자이너들이 왜 사라지고 어디로 가는지를 물으며, '페미니스트 디자이너 소셜 클럽 (FDSC)'을 소개하고 있다.

일러스트 분야만이 아니다. 여성 디자이너들, 여성 웹툰 작가들, 여성 영화인… 거의 모든 창작 분야에서 비슷한 물음이 이뤄지고 있다.

'문화·창작 분야에 여자가 얼마나 많은데?'라는 의문을 가지는 사람들을 위해 한 통계 조사를 가져온다. '그래픽 디자인계 임원 성비 설문조사' 결과[6]를 보면 114개 회사 중 여성이 대표로 있는 회사는 14곳. 비정규직 및 인턴의 비율은 여자가 90퍼센트를 차지하지만, 임원급 디자이너의 성비를 조사한 결과 남성 74퍼센트, 여성 26퍼센트이다. 창작·문화계의 성비 비율은 대부분 이와 비슷하다.

'왜 사라지는가' 하는 물음이 수면 위에 오르자, 원인을 찾는 답도 따라온다. "야근과 격무가 미덕으로 여겨지는 문화, 처음에는 고생 좀 해야 한다는 인식, 남성·학연·지연 위주의 네트워크, 성폭력에 노출되는 상황, 성차별 관행"[7]과 "권력이 1인에게 집중된 도제 시스템에서 젠더 위계는 창출"[8]되고 프리랜서라는 "불안정한 고용 상태와 부족한 복지, 위계질서를 더욱 강화

---

❺   양으뜸, "이것이 여성 디자이너들이 생존하는 방법이다!", 일다, 2010.06.09, https://www.ildaro.com/8481
❻   2019년 FDSC에서 조사한 결과이다.
❼   양으뜸, "이것이 여성 디자이너들이 생존하는 방법이다!"
❽   오경미, "웹콘텐츠 여성 창작노동자들이 경험하는 성차별의 현실과 해결방안 모색", 오픈넷, 2019.10.17, https://www.opennet.or.kr/16645

할 수밖에 없는 각종 심사 제도 등은 젊은 예술가들이 겪는 성착취와 노동착취를 고발하기 어려운 구조"[9]를 유지시킨다. 문제는 도처에 존재한다. 2022년 예술인 지위와 권리 보장에 관한 법이 시행됐다. '예술인권리보장법'[10]은 예술 표현의 자유 보장과 예술인의 직업적 권리 보호와 함께 '성평등한 예술 환경 조성'이 창작 노동을 하는 이들의 주요한 권리임을 밝혔다.

그런 의미에서 나는 전포롱이 사라지지 않아서, 좋다. 함께 권리를 지켜나갈 것이기에. 그렇다면 남는 질문은, 어디로 가는가. '관행'대로 하지 않으면 '이 판'에 발붙이지 못할 거라는 두려움이 많은 창작자들에게 있었다. (이것이 어디 여성에게만 국한될 일일까. 계약서 하나 쓰자고 말하는데도 '관행'이라는 두 글자를 떠올리게 된다.) 그런데 이 판이란, 기존 권력을 답습한 위계와 차별에 있어서 조금도 새롭지 않은 곳이 아닌가. 어디로 가야 하는가. 다른 세계로, 아니 "다른 세계가 되도록 판을 갈아엎을"[11] 그런 일을 기대한다.

❾   이라영, "여성비하 창작물은 왜 끊임없이 만들어지나", 한겨레, 2021.09.18,
https://www.hani.co.kr/arti/society/society_general/1012209.html
❿   정식 이름은, 예술인 지위와 권리의 보장에 관한 법률이다.
⓫   이라영, "여성비하 창작물은 왜 끊임없이 만들어지나"

배우

황은후

"연기하는 대상과
만나기 좋은 터가
되도록"

들어가며

"과학자가 주로 취하는 포즈는 뭘까?"
등장인물인 두 과학자가 만나 대화하는 장면을 만들기
위해, 연출가와 배우들이 머리를 맞댄다. 등장인물이
실제 한다면 취했을 자세를 짐작해본다.
"과학자에게 발달하는 근육이 어디일까?"
이 말을 들었을 때, 나는 잠시 반성했다. 내 인터뷰이들의
근육을 상상해본 적이 있던가. 과학자는 주로 어떤 옷을
입지? 의상에 관한 이야기가 나온다. 입는 옷에 따라
움직임이 제한되니까. 배우들은 무릎을 세워 앉아도 보고,
의자에 앉기도 하고, 마주 서기도, 거리를 두고 천천히
걸음을 옮기기도 한다. 연극이 이렇게 만들어지는구나.
몸을 써서 표현한다는 것은 이런 거구나.

그저 몸이 아니다

몸을 쓰지 않는 노동은 거의 없다지만, 몸을 '쓴다'고 한다면 몸을 움직여 표현하고 말하고 노래하는 직업이 들어가야 하지 않을까 생각했다. 그래서 배우를 만나기로 했다. 연극과 같은 표현 장르에서 베테랑을 찾는다는 건 너무나 조심스러운 일이다. 무대에 등장하는 순간 주변 공기가 달라지는 배우들이 있다. 노배우 몇 명이 떠올랐으나, 이내 지웠다. 조금 다른 결로 '몸 쓰는 일'에 관해 말해줄 사람을 만나고 싶었다. 몸은 그저 몸이 아니니까. 어떤 인물로든 변할 수 있어야 한다는 배우의 몸도 그저 몸이 아니다.

배우는 무수한 훈육의 결과로 여자(남자)로 만들어진 몸을 가지고 무대에 올라, 여자와 남자로 나누어진 역할을 재현한다. 머리가 짧거나 근육이 발달한 여자 배우들이 오디션에서 번번이 떨어진다는 이야기를 들었다. 그들이 무대에서 연기해야 하는 '여자'는 대부분 머리가 길고 잔근육조차 없이 매끈하고 연약하니까.

"배우는 선택받는 입장에 놓이는 직업이잖아요."

그 선택과 재현에 의심의 시선을 보내는 사람에게 연기라는 일에 관해 듣고 싶었다. 배우이자 창작자인 황은후를 만났다.

"고등학교 때 연극을 처음 봤어요."

작은 읍내에 있는 대안학교였다. 논밭 길이 펼쳐진 곳을 걷다가 1시간에 한 대씩 오는 버스를 타야 소도시로 갈 수 있었다.

"문화적인 경험이랑 좀 단절된 채로, 저는 그런 게 좀 고팠나 봐요. 그래서 방송반에 들어가서 단편 영화 같은 것도 만들고. 그러다가 학교에 연극반이 생겨서 친구들 따라 들어갔는데. 저는 당시에 크게 흥미 있는 것도 없고, 애착을 가지는 것도 없는, 약간 심드렁한 학생이었어요."

그렇다고 연극반 활동이 처음부터 황은후에게 활력을 가져다준 것은 아니었다. 연극반을 지도하는 교사가 있었는데, 극단 소속 배우였다. 어느 날 그가 공연을 한다고 했다. 연극반 학생들과 버스를 타고 갔다.

"소극장에 가서 공연을 보는데, 저한테 되게 압도적인 경험이었어요. 저 무대 위에서 움직이고 있는 사람들, 그 사이에서 생겨나는 어떤 밀도 같은 게 느껴져서. 내가 실제로 있는 여기보다 저곳이 더 살아있는 것 같다는 생각에 반했던 것 같아요. 몹시 압도적인 경험이었던 거죠."

나는 그의 말을 알아듣지 못한다. 어떤 경험인지 상상이 가지 않는다. 그러니 그와 내가 전혀 다른 곳에서 다른 작업을 하고 있는 거겠지. 배우들이 연기하는

"사람들을 둘러싼 감정과 경험. 그에 따라오는 평형, 온도, 압력과 같은" 것을 열일곱 살의 황은후는 보았던 것일까.

"무대 위에 시각적으로 보이는 것에 감동을 받았다기보다 배우들 몸 안에 있는 어떤 치열함. 밀도 높음… 이런 것에 반했던 것 같아요. '저게 뭐지? 저거 너무 하고 싶다.'"

대학을 가서 연극 동아리 활동을 했다. 그러다 배우를 직업 삼아야겠다고 생각하고 한국예술종합대학 연기과 전문사 과정을 이수했다. 하고 싶던 연기를 마음껏 하니 즐거웠고, 불행했다.

"처음으로 연기에 대해 배우잖아요. 이전에는 배우가 타인의 시선으로 나의 몸을 인식하게 되는 직업이라고 생각하지 못했는데, 연기를 배우면서부터 타인의 시선으로 나를 보려는 노력을 적극적으로 하기 시작했던 거예요. 그러면서 불행했던 것 같아요."

그건 타인에게 예쁘거나 멋지게 보여야 한다는 것과 달랐다. 자신을 백지상태로 만드는 일이었다.

"내가 배역으로 다른 인물을 만나려면, 그 인물을 내 몸에 채색할 수 있도록 깨끗하게 비워진 흰 도화지 같은 상태여야 한다고 이해했어요. 몸도 가지런하게, 동작도 효율적으로. 내가 가진 습관을 모두 제거한 깨끗

↓   황은후가 연극 〈너의 왼손이 나의 왼손과 그의 왼손을 잡을 때〉를 연습하고 있다. 내면의 감정을 몸짓과 표정, 목소리로 표현해야 하는 일은 섬세함을 요구한다.

베테랑의 몸

한 상태로 만들자."

　　배우의 몸은 깨끗하고 경제적이고 중립적이어야
한다고 생각했다. 무대 위에서 자신이 연기를 하는 인
물이 아닌 황은후가 보이는 일은 없어야 했다. 단순한
예이지만, 배우들이 나만의 개성을 드러내는 타투를 몸
에 새기지 않는 이유이기도 했다. 무대에 배역이 아닌
나의 개성을 가지고 오를 순 없었다. 그런데 나라는 사
람은 외형은 물론 걸음걸이와 몸짓, 동작과 동작 사이
작은 틈에서도 비어져 나온다. 연기 동작을 취할 때마
다 매번 몸에 버릇처럼 붙은 군더더기를 신경 쓰며 움
직일 순 없었다. 그러니 몸을 비우는 과정은 반복된 훈
련과 연습으로 이뤄졌다. 그건 마치 어떤 일이 몸에 붙
어 습관이 되도록 만드는 일과 비슷했다. 습관을 없애
기 위해 습관이 되도록 훈련한다. 훈련의 연속으로, 그
는 일상에서도 자신의 몸을 객관화하여 보려고 애썼다.

　　"그렇게 내 몸을 외부의 시선으로 지켜보면서 제
어하고 교정해야 하는 대상으로 둔 거죠."

　　여기에는 모순이 하나 있다.

　　"당시엔 그 깨끗한 상태와 더불어 이 사회에서 매
력적인 여성의 것이라 하는 상태가 나에게 있어야, 좋
은 연기를 할 수 있다고 생각했던 것 같아요. 깨끗하지
만 매력적이어야 해. 상반되는 것을 동시에 가지려고

하니까, 두 개가 충돌해서 몸이 계속 싸우는 거예요."

그가 연기해야 하는 극 중 많은 인물들이 특정한 '여성적 매력'을 지녔고, 그는 이 또한 훈련해야 했다.

"안톤 체호프의 희곡《바냐 아저씨》를 번안한 공연을 했을 때인데, 제가 엘레나에 해당하는 역을 맡았어요. 극본에선 그 역할이 모두에게 사랑받는 미의 화신 같은 존재로 묘사되고 있는데, 저는 그때 정말 말 그대로 안절부절못했어요. 나를 어떻게 저 전형적인 미인으로 보이게 할 것인가 걱정에 휩싸였던 거예요."

인터넷에서 남자들에게 인기 있는 여성의 특징을 검색해 보기도 했다. 1번, 2번으로 시작해 열몇 번까지 번호를 단 설명이 나오더란다. "그중에 제가 연기에 적용했던 것은 잘 웃는 거." 이때의 웃음은 그냥 웃음이 아니다. 웃는 것도 여자처럼 웃어야 하고, 숨 쉬는 것도 여자처럼 숨 쉬어야 하는 세상이다. 웃음이 중립적이지 않듯 미세한 동작 하나에도 성별이 있다.

어떤 역할이건 받아들일 수 있게 백지 상태로 몸을 '깨끗'하게 만들어야 한다고 했으나, 평소 해야 하는 '배우의 관리'라는 것이 있었다. 게을리했을 경우 '너는 배우가 되어서 왜 몸 관리를 안 하니' 같은 말을 듣게 하는 그런 자기 관리. 여기에는 여성 배우가 이두근을 키우는 것, 남자 배우가 허리를 잘록하게 만드는 것은 해당하지 않는다. 성별화된 몸에 따른 관리와 훈련의 방식이 따로 있다. 백지와 여성적 매력 사이에서 황은후는 혼란스러웠다.

지금은 생각이 다르다.

"제가 무대에서 배우에게 보고 싶은 건 그게 아니더라고요."

불안한 몸에서 나오는 삶의 감각

황은후가 찾은 답은, 대안학교 시절 작은 소극장에서 찾아낸 그때의 경험에 있었다. 저 무대 위에서 비로소 진짜 살아있는 게 아닐까 싶던 활력. 그 연기하는 몸들이 표출하던 생명력이었다.

"제 관심은, 한 사람을 둘러싼 세계와 그 세계 안에서 그의 몸이 어떤 감각을 느끼며 살아가는지더라고요. 로프를 타는 사람에게 놓인 시간과 압력이 그 사람의 세계를 만들잖아요. 아이를 품에 안은 사람이 느끼는 무게와 질감은 또 다를 거고. 그게 삶의 감각들인 거고. 그 감각들은 가지런한 몸이 아니라, 흔들리고 흐트러지고 기울어지고 떨리고 그래서 어딘가 마모된 몸에서 나오는 것들이더라고요. 여기서 활기나 생명의 힘이 드러난다고 생각하거든요."

그렇다면 과제가 생긴다. 어떻게 사람이 지닌 감

베테랑의 몸

각과 힘을 잘 들여다보고 꺼내와서 자신의 것과 만나게 할 것인가. 잘 만나게 해서 잘 무대에 올려놓고 싶었다. 배우인 그가 지닌 자신의 감각은 무엇이기에 둘이 만나야 한다는 걸까. 한때 그에게 큰 영향을 미친 것은 불안이라고 했다.

무엇이 불안했던가. 그 이유를 황은후는 동료 배우인 김정과 함께 찾아갔다.

"학교 다닐 때부터 연기에 관해 서로 이야기를 많이 하던 친구였는데, 그때 저희가 둘 다 그다지 콜을 받지 못했어요."

동료 배우 김정 역시 지금은 다수의 연극에 출연한 이력을 지녔지만, 20대 후반이었던 그때 이 둘은 대학로에서 '듣보잡'이었다. 오디션을 보러 다니는 것이 일이었다. 대학원생 신분일 때는 외부 공연을 자유로이 할 수 없었다. 황은후는 휴학을 하고 공연을 하고 다시 학교로 돌아가 공부를 했다. 그렇게 졸업을 하고 세상에 나오니, 요즘 말로 스펙이 별로 없는 배우였다.

"이 친구가 우연히 소액의 창작지원금을 받게 된 거예요. 90만원이었나. 이걸로 우리 연극이나 만들어볼까?"

진짜로 공연을 올렸다. 2014년 두 사람이 같이 한 첫 연극은 무대도 작고 관객도 적었지만, 즐거웠다. 이를 계기로 창작 집단 '사막별의 오로라'를 만든다.

"처음에는 단순한 놀이성을 가지고 시작했던 것 같아요. 우리가 하고 싶은 것을 우리가 판을 만들어서 해보자. 그런데 예상외로 공연 반응이 좋았고, 주변에서도 즐거워하면서, 이런 작업을 계속 쭉 해나갔으면 좋겠다고 한 거죠."

배우들이 직접 대본을 쓰고 연출을 하고 소품을 만들고 조명 계획을 세운다. 그래서일까. 황은후는 배우이자 창작자로 자신을 소개했다.

"보통 배우들이 캐스팅이 되거나 오디션을 보고 공연에 참여해 작업을 하는데, '사막별 오로라'에선 우리가 주도적으로 창작을 하잖아요. 연극을 기획할 때도 배우 정체성을 가지고, 배우로서 세상을 바라보는 시각을 가지고, 창작을 해나가기 때문에 배우 창작자라고 스스로 규정하는 것 같아요."

이 공동 작업의 가장 큰 장점은 '지금 가장 들여다보고 싶은 주제'를 선택하여 연출할 수 있다는 것. 연출의 역할이 따로 정해져 있지 않은 수평적 창작 집단이기에 가능한 일이다. 배우 겸 연출자인 구성원들이 말하고 싶고 재현하고 싶은 것을 무대에 올린다. 사막별의 오로라가 가장 오래 들여다본 대상은 여성과 몸이었다. 그들이 꺼내어 드는 이야기는, 이 사회에서 여성의 몸을 지닌 사람이 겪게 되는 일이었으며 동시에 '보여지는 몸'으로 살아야 하는 배우의 고민이기도 했다.

1센티미터씩 움직이는구나

"얼굴은 청순하게, 가슴은 섹시하게, 엉덩이는 순진하게, 팔꿈치는 조신하게. 깨끗하게 맑게 자신 있게!"

'하인드 비하인드❶'라는 괴물이 나타나 외모를 꾸미지 않는 여성을 잡아가자, 두려움과 강박에는 휩싸인 도시에는 뷰티 열풍이 분다. 황은후와 김정이 무대에 올린 연극 〈메이크업 투 웨이크업 2〉의 내용이다. 다행히 유튜브에 남아 있는 공연 기록이 있었다. 연극 대사를 들으며 생각한다.

"'얼굴은 청순하게'라도 쳐도, 엉덩이는 어떻게 순진하게 하지? 팔꿈치마저 조신한데 어떻게 '자신 있게' 있으라는 거지?'

그러나 안다. 논리가 중요한 것이 아니다. 중요한 것은 '마땅히 해야 한다'이다. '지금'의 상태가 아니라 '어떤' 상태로 도달해야 한다고 정해둘 뿐이다. 그러면 사람들은 목표를 세우고 따라잡으려고 애쓸 것이다. 그렇게 '여자라 부르기 부족함이 없는' 여성이 태어난다. "조심하세요!" 그곳 여자들은 외친다. 팔꿈치가 까매도,

❶ 미국 미네소타 주에서 전설로 전해오던 괴물의 이름으로, 나무 뒤나 사람 뒤에 숨어서 모습을 아는 사람이 없고, 어떤 방법으로도 볼 수가 없다.

어깨가 넓어도, 종아리가 굵어도 괴물에게 잡혀가니까. 불안이 엄습한다.

"초반에 제가 느낀 불안은, 불안한 몸에서 오는 감각과 이어진 것 같아요. 이상적인 아름다움을 강요하는 세계 속에서 여성으로 느끼는 불안이 나에게 있고, 대학로에 진출하는 젊은 여성 배우들이 창작자들로부터 그 강요를 알게 모르게 받는 것 같다. 이게 뭔지 한 번 들여다보자."

지금의 내 몸이 어디에서 기원하여 무엇으로 재현되는지. 몸을 '백지 상태'로 만들려는 노력을 그만두고 몸 자체를 들여다보려고 애썼다. 연극을 준비하는 과정에서 몸에 관한 워크숍을 열었다. 책을 읽고 퍼포먼스를 하고 다양한 방식으로 "어쩔 줄 모르고 끊임없이 움직이는 불안한 몸"에 대한 이야기를 나눴다.

"배우 생활을 하면서 여성성을 습득하려고 노력했던 것 같아요. 여성적 제스처라든가, 화장 같은 것들도 공연을 하면서 배웠거든요. 그래서 공연 준비 단계에서 그것들에 대해 언급하는 것이 불편했어요. 그것들이 어느새 나의 취향과 기준점이 되어있던 거죠. 하지만 탐구를 하다 보니 아름다움에는 너무나 세부적이고 다양한 기준이 있고 어느 순간 이게 나의 취향은 아니었구나, 라는 생각이 들었어요."[2]

더 사랑받는 몸이 있다. 사람들은 더 사랑받고 싶어 한다. 그 인정의 욕망까지도 들춰보던 황은후는 그곳에서 1센티미터의 몸을 발견한다.

"계속 이야기를 하다 보면 의미가 다르게 전환이 되잖아요. 연극을 준비하는 건 그런 과정이었어요. 미에 관해 내가 학습한 생각들을 쪼개고 쪼개어 보니 '1센티미터씩 움직이는구나'가 되는 거예요. 배를 1센티미터 넣을게요. 가슴을 1센티미터 내밀고. 어깨를 1센티미터 기울이고. 이런 조정을 끊임없이 하고 있는 몸을 실제로 느끼면서, 몸의 움직임을 실험해보고 싶어진 거죠."

연극은 즐거웠다. 배우들의 인터뷰도, 관객들의 후기도 모두 즐거웠다고 말한다. 단지 블랙코미디 연극이라서? 아니, 배우가 감각한 세계가 관객에게도 전해진 것이다. 황은후의 표현에 따르면, 그 세계의 생명력이 전해진 거겠지. 그는 인물이 지닌 활기를 무대에 올리는 배우인 동시에 그 자신도 어떤 생의 감각을 지닌 채 에너지를 쓰며 살아가는 사람이니까.

좋은 터를 찾아서 데려다 놓으려

무대에서 그는 성소수자 커플이 되기도(〈와이프〉), 제헌 헌법 제정에 관한 이야기를 다루는 교수가 되기도

---

❷ 윤성호, "실체 없는 괴물, 혹은 시선과 마주하기. 사막별의 오로라 〈메이크업 투 웨이크업2〉", 서울연극센터 연극인, 2017.11.09, https://www.sfac.or.kr/theater/WZ020400/webzine_view.do?wtIdx=11488

(〈당선자 없음〉), 비극적 비밀을 알아가는 중동 출신의 쌍둥이 남매가 되기도(〈그을린 사랑〉), 대화재로 멸망하고 있는 지구에서 탈출한 과학자가 되기도(〈너의 왼손이 나의 왼손과 그의 왼손을 잡을 때〉) 한다.

"배우란, 다른 인물일 수도 있고 다른 동물일 수도 있고 다른 사물일 수도 있고, 다른 역할을 자신의 몸으로 입는 행위를 하는 사람이잖아요. 연기하는 대상과 만나기에 좋은 터가 되어가는 게 배우로서의 성장인 것 같아요."

좋은 터가 되기 위해 자신의 몸을 도구로 쓰지 않는다. 타인의 시선으로 자신의 몸을 교정하려 하지 않는다. 터전이란 그렇게 만들어지는 것이 아니다.

"생명력이 발휘되는 좋은 터를 찾아서 나를 거기에 데려다 놓으려 해요."

감각을 열어놓을 수 있는 안전한 공간에 자신을 놓으려 한다.

"이제는 무리하게 모든 작업을 밀어붙이지 않고, 때로는 나를 믿고 멈춰요."

마흔이 되면서 그는 자신의 판단에 더 힘을 실어주는 사람이 되겠다고 다짐했단다.

"일을 좀 쉬어가면서, 이 기간에 수영 같은 다른 일을 하면서 보내는 게 결국은 훨씬 더 나의 작업에 좋

배우 황은후

다는 생각을 한 게 몇 년 안 됐어요."

우리가 처음 만난 것은 그의 연극 연습 일정이 잡히기 전이었다. 그는 수영을 굉장히 열심히 하고 있다고 했다. 하루에 두 번 수영장에 갈 때도 있고, 다른 지역으로 갈 때는 그곳 수영장을 꼭 들른다고 했다. 물속에서 헤엄쳐 움직이는 감각이 황은후에게 마냥 새롭다. 다양한 연령대의 수강생들과 나누는 대화와 현란한 색의 수영복까지.

무리하게 일을 맡지 않고, 부당한 요구를 수긍하지 않으면서, 내 몸이 좋은 터전이 되는 일에 집중한다.

"저를 계속 새로운 세계에 초대하는 거, 그게 제가 쉴 때 하는 일인 것 같아요."

감각만이 아니다. 몸도 풀어둔다. 그건 자신이 어디까지 갈 수 있는 가능성을 지닌 몸인가를 파악하는 일이라고 했다. "정신이 유연해져도 몸이 유연하지 못하면 그 표현을 할 수 없으니까요." 성별화된 젠더 규범에 막혀 있던 나를 풀어내고 싶어도, 몸이 그에 맞춰 유연해지지 못하면 재현은 실패한다. 그러니 몸을 쓴다. 자유로이 쓰고, 안 쓰던 모습으로 쓴다.

사진 제공: 두산아트센터

"베테랑은,

나에게 올 미래를 적극적으로 상상하며 사는 사람."

배우 황은후

달까지 가는 걸음

인터뷰 마지막 즈음에 황은후는 말했다.

"저는 오랫동안 일하면서 좋은 배우가 되고 싶어요."

이 별것 아닌 말이 오래 기억에 남았다. 베테랑을 꿈꾸거나 이미 베테랑이 되었다며 내 앞에 앉아 자신의 일을 설명해주던 사람들이 입 모아 하는 말이었다. 이곳에서 오래, 잘 일하고 싶다. 그들의 일터는 아름답지만은 않았다. 검은 분진이 날리고, 폐에 가스가 차고, 자릿세를 내야 하고, 성희롱이 있고, 차별이 있고, 시대의 변화에 따라 평생 해온 일 자체가 사라지기도 했다. 그곳에서 '좋은 숙련자'가 되기 위해 한 걸음씩 걸어온 이야기를 들려주었다.

늘 인터뷰 마지막엔 베테랑이 무엇이라고 생각하는지를 물었는데, 그럴 때면 그들은 각자가 소중하게 여기는 것에 대해 이야기했다. 관계, 성실, 연대, 인간다움, 가능성. 그걸 듣는 순간이 좋았다.

"김연수 작가의 소설에 이런 문장이 있잖아요. '우리가 달까지는 갈 수 없지만, 갈 수 있다는 듯이 걸어갈 수는 있다.'[3] 나에게 올 미래를 적극적으로 상상하고 살려고요. 베테랑이 무엇인지도 좀 상상하며 걸을 수 있으면 좋겠네요."

---

[3] 김연수, 〈진주의 결말〉,《이토록 평범한 미래》, 문학동네, 2022, 97쪽.

보여지는 몸으로 무대에 서서 다른 가능성의 몸을 보여준다. 그를 보는 우리가 다른 세상을 상상할 수 있도록.

자기 길을 만들어 가는 이들의 이야기

연기는 잘 모른다만, '여배우'들이 어딘가 갇혀 있다는 사실은 안다. 아직도 사람들이 고 장진영 배우를 추모하면서 "내가 본 가장 아름다운 여성" 같은 말을 하며 그의 연기 경력이 아닌 외양을 내세우거나, 비련의 '여주인공' 역을 맡았던 그의 출연작 〈국화꽃 당신〉만 주야장천으로 언급하는 현실이 나조차 지긋지긋하니까.[4]

황은후를 만나러 가기 전, 〈불편한 연극〉(성폭력반대연극인행동 펴냄)이라는 책자를 읽었다. 연극계 성폭력 사례를 희곡 형태로 엮은 교육 책자였다. 연극 무대는 반짝이지만 동시에 누군가의 일터이기에 어떤 불편함을 숨긴다.

〈불편한 연극〉에는 당연한 문장이 쓰여 있었다.

"배우의 몸은 단순히 연기만을 위해 사용되는 도구가 아닙니다."

이런 말도 있었다.

"이 말을 하기까지 6년이 걸렸다."

하지만 이런 현실은 배경지식일 뿐, 내가 황은후에게 듣고자 한 것은 이러한 배경을 뒤로 하고 자기 길을 만들어 가는 이들의 이야기였다. 배경이라는 구조의 지속성을 파괴하는 사람

---

[4] "여기서 기자들과 대중이 간과한 것이 한 가지 있다. 장진영이 배우가 아니라 '여'배우라는 사실이다. 장르나 배역을 가리지 않고 작품에 맞는 연기를 전천후로 해낼 수 있는 능력이 있는 배우라 해도 그가 여성이고 한 작품의 주연을 맡을 정도의 위치에 있다면 필모그래피에서 가장 큰 비중을 차지하는 것은 로맨스 장르의 작품들이고, 그 작품들 안에서 그가 연기하는 인물들은 사랑의 정점에서 예기치 못한 질병이나 사고로 죽음에 이르거나 아니면 아예 불치병으로 생이 얼마 남지 않은 시한부 상태일 가능성이 높다."(출처: 윤단우, 《여성, 신체, 공간, 폭력》, 허사이트, 2021, 105쪽.)

들. 위의 책자를 낸 '성폭력반대연극인행동'이 그러할 때고, 연출과 연기가 분리되지 않은 수평적인 창작집단을 꾸린 '사막별의 오로라'가 그러할 테고, 머리를 잘랐다 길렀다가 손톱에 색을 칠했다가 지웠다가를 반복하며 타인들의 반응을 살피고 타협할 수 있는 지점을 찾아가는 수많은 연극인들이 그러할 테다.

황은후가 오랫동안 잘 연기하고 싶다고 했을 무렵, 나는 '좋은 선배'에 대한 생각을 하고 있었다. 선후배라는 위계에 누군가를 얽어두고 싶진 않았지만, 베테랑을 소재로 인터뷰를 하였기에 베테랑을 '좋은 선배'와 일치해 이해하는 사람들을 보게 됐다. 자신이 일하는 영역에서 '좋은 선배'가 되고 싶다는 이들을 보면 왠지 뭉클했다. 동시에 생각했다. 과연 좋은 선배는 베테랑이 될 수 있을까.

좋은 선배라는 것이 사람 좋은 선배라는 의미가 아닌 이상, 그 둘은 일치할 수 있을까. 자신의 동료가 6년 동안 입을 다물어야 했던 현실에서 꾸준히 실력을 닦아온 사람은 베테랑일 순 있어도 좋은 선배는 아니지 않을까. 그렇지만 배경으로 보일 지경인 뿌리 깊은 구조와 맞서 싸우는 사람들은 베테랑이 될 기회를 무수히 박탈당할 텐데. 좋은 선배는 베테랑이길 포기해야 하는 게 아닐까.

여성의 몸과 성별화된 재현에 대해 듣고 싶은 욕심을 품고 인터뷰해줄 공연자들을 찾았다. 좋은 선배이자 베테랑은 찾기 힘들었고, 그 시절 여성 공연자들은 경력단절의 시간이 더 길었기에 베테랑이란 타이틀과 점점 멀어졌다. 베테랑도, 좋은 선배도 무언가가 되는 데는 많은 사회적 자원이 필요했다. 그 자원을 더 쉽게 박탈당하는 성별과 정체성이 있었다.

임신과 출산으로 인해 경력이 단절된 경험을 했으나 오롯이 의지와 열정, 헌신과 실력으로 베테랑의 자리에 오른 어느 멋진 연기자가 요즘 젊은 여자들은 "애는 안 키우고 강아지랑 고양이만 키운다"고 이야기하는 걸 들으며, 나는 '좋은 선배'나 '베테랑'인 사람을 구하는 일은 포기했다. 대신 '좋은 선배가 될 가능성'이 있는 배우를 만나기로 했다. "우리가 달까지 갈 순 없지만 달로 갈 수 있다는 듯이" 걸어가는 일은 할 수 있다는 것을 아는 사람.

황은후는 요새 '비인간'의 연기에 대해 고민한다고 했다. 배우는 어떤 역할도 만날 수 있어야 하니. 비인간이 지닌 감각을 인간 배우로 어떻게 받아들이고, 맞닿게 하고, 재현할 것인가. 아마 지금 그가 공연 중인 연극 〈너의 왼손이 나의 왼손과 그의 왼손을 잡을 때〉가 디스토피아 상황에서 동물과 식물, 인간 종(種)을 대피시키는 과정을 다룬 SF적 요소를 지니고 있기 때문이겠지만, 그의 오랜 고민과도 맞물리는 부분이다.

"페미니즘 관점에서 생각한다는 것은 진보와 성장의 서사에서 벗어나는 거잖아요. 그건 인간 중심적인 사고에서 벗어나는 것이랑 일맥상통하고요."

내가 비인간 동물들의 권리를 글에 어떻게 담아야 할지를 (아니, 권리를 적는 일에 앞서 내가 그들의 권리를 제대로 알고는 있는지를) 막연하게 고민하던 즈음, 황은후는 "인간을 벗어난 생명이라는 낯선 감각"을 어떻게 몸에 담을 수 있을지 생각하고 있었다. 아마 우리 두 사람의 비슷한 고민을 했던 것일 수도. 우리는 어떻게 공존할 수 있을까. 그 공존을 어떻게 우리의 노동으로 표현할 수 있을까.

식자공

권용국

"아무거나 줘도
다 합니다"

들어가며

출판이나 인쇄업에 종사하는 사람을 만나면 소음에
관해 묻기 마련이다. 내가 아는 그곳은 왜 시끄러우니까.
인쇄기가 쇳소리를 내며 돌아가는 좁은 작업장을
떠올리며 묻는다.

　　"작업장이 시끄러웠나요?"
백발의 그가 고개를 젓는다.

　　"고요했어요."
정적이 흐를 정도로 조용하지 않으면 활자 하나하나
제자리를 찾는 작업에 집중하기 힘들다고 했다. 그의
일터는 고요했다. 그리고 이제 그의 모든 세계가 정적을
머금고 있다. 보청기를 찾지 못한 그는 내 질문을
알아듣지 못할 때면 살짝 미소를 지었다.
나는 목소리를 키우며 묻는다.

　　"이 일을 언제 시작하셨어요?"

글자집 심부름을 가는 소년 견습공

어디서부터 이야기를 시작해야 하나…, 권용국은 말끝을 흐린다. 이야기의 시작점을 고르는 그에게서 90년 인생이 느껴진다. 1934년생. 올해로 아흔이다.

"제가 본적이 을지로 3가 210번지예요. 아주 서울 토박이였어요."

지금의 명륜동에서 어린 시절을 보냈다. 그가 혜화 초등학교 2학년 때, 교사였던 누이가 연천으로 발령을 받았다.

"지금은 이북이지만, 그때는 갈 수 있었어요. 그 시절은 외정 때를 이야기하는 거예요."

연천에서 이주한 지 1년도 되지 않아 그곳에서 아버지가 돌아가셨다. 다음 해 해방이 되고, 38선이 생겨났다. 고향으로 가는 길이 막히자 가족은 야밤에 한탄강을 건넜다. 이후 친척 집을 전전했다.

"초등학교만 다섯 번을 옮겨 다녔어요. 그러니 무슨 공부를 했겠어요."

먹을 것은 없고 누나는 시집가고 동생들은 어렸다. 상급 학교로 진학할 수 없다는 이야기였다. 열다섯 살 나이로 늦깎이로 졸업을 하고, 직업을 구했다. 이 또한 쉽지 않았다. 처음에는 동창을 따라 용산 철도 피복장에 갔다. 철도 역무원을 비롯해 근무자들이 입는 옷을 제작하고 수선하는 곳이었다.

"가서 숯불만 계속 피웠지."

피복장에서 숯불을? 내가 고개를 갸웃하자 권용국이 말한다.

"그때 다리미 같은 게 어디 있어요."

인두를 숯에 달궈서 주름을 폈다. 그 숯을 만들고 장작을 지피는 일은 피복장 막내 몫이었다.

"시끄럽고 덥고 돈도 적고. 그건 직업이 아니겠더라고요. 외삼촌이 계셨어요. 경향신문사를 다니셨는데, 그분이 인쇄소에 넣어줄 테니까 우선 다니라 한 거죠. 이제 납을 만지게 된 거예요."

그가 '납'이라 부르는 건 활판이다. 지금이야 원고 작성부터 인쇄까지 모든 과정이 컴퓨터로 이뤄지지만, 그 시절엔 활판을 만들어 종이 책을 만들었다. 납을 녹여 활자 조각을 만들고 이 활자를 원고 모양대로 활판에 줄 맞춰 배열한 뒤, 인쇄기에 올려 눌러 찍는다. 이때 활판에 활자를 배열해 채우는 일을, 글자를 심는다고 하여 식자(植字)라 불렀다. 흔히들 조판이라고 한다. 조판은 활자를 골라내는 일인 '문선'과 그것을 배열하는 '식자'를 통틀어 일컫는 말인데, 일하는 입장에선 구분이 더 엄격하기 마련이다. 권영국은 자신을 식자공이라 했다. 문선공이 책에 들어갈 활자를 골라 가져다주면 식자공이 그 활자들로 판을 짠다.

"인쇄소에 갔더니 과(부서)가 예닐곱 개 정도 돼요. 주조과❶, 기계과, 제본과… 나머지는 전부 기름칠하는데, 식자만 기름 안 쓰고 깨끗한 업인 거예요."

식자공들 옷만 말끔하더랬다. 잉크도 접착제도 묻을 일이 없으니 기름칠해 손을 닦을 일도 없었다. 평생 할 일이라면 저런 깔끔한 직업이면 좋겠다 싶었다. 고려문화사가 식자공, 아니 식자공 견습생 권영국의 첫 직장이 되었다.

"처음에는 월급도 없어요. 그냥 고무신값, 그런 거나 줬지. 3개월 되니까 월급을 조금씩 주더라고요. 그래도 이걸 배워야겠구나 해서 다녔지."

월급은 없어도 신입이 해야 할 잔일은 많았다. 그중 하나가 글자집(활자소) 심부름.

"그때는 글자집이 많았어요. 인쇄소에 글자(활자조각)가 없으면 글자를 많이 사러 갔어요."

보통 인쇄소 벽면은 활자가 들어찬 문선대로 메워져 있었다. 글자를 하나씩 찍어 만들던 시절이었다. '기역·니은·디귿'부터 '가·갸·거·겨'까지. 자음과 모음을 조합해 만들 수 있는 모든 글자의 활자가 차곡차곡 쌓여 있다. 활자마다 크기별로 8종 호수를 갖춰야 하고, 책에 들어가는 글자 모양(글씨체)도 저마다 달랐다. 못 해도

❶   주조란 주형에 자모를 넣고 납을 주입해 활자를 만드는 작업을 가리킨다.

베테랑의 몸

수십만 개였다. 여기에 숫자, 영문 철자, 각종 부호까지. 없는 글자가 없을 것 같은 문선대였지만, 그만큼 필요한 글자도 많았다. 신문 한 면에 들어가는 글자가 5000자 정도 됐다. 아무리 문선대를 가득 메운다고 해도 없는 글자가 생기기 마련이다. 그러니 견습공이 심부름 가는 일만 잦다.

"명동성당 옆에 있는 동화활자소, 을지로에 있는 영일활자소. 그런 데는 그래도 갈 만한데, 먼 데를 가면 교통비를 뭐 줍니까, 걸어 다니지. 그때는 차도 별로 없어서 두세 시간을 걸어 다녀와야 하는 거예요. 그러면 기술을 못 배우는 거예요. 빨리 심부름 끝내고 기술 배워야 하는데, 그 생각만 했죠."

고무신 닳게 서울 시내를 헤매었다. 일은 눈치껏 배워야 했다. 운이 좋으면 식자공 작업대(조판대)를 빌릴 수도 있었다.

"일하는 사람에게 잘 보여야 '이리 와, 이거 한번 해봐' 이 소리가 나오니까. 아니면 그 자리(조판대)에 마음대로 서 있질 못해요. 잘 보이지 않으면 만날 뭐 하게요. 심부름하면서 양말이나 빨게요."

책 만드는 데 걸리는 시간은 식자공의 손에서 결정됐다. 그러니 한시도 조판대를 비워둘 수 없었다. 견습공에게 조판대를 내준다는 것 자체가 식자공으로서는 크게 선심 쓰는 일이었다. 그 선심을 구하기 위해 권용국은 남들보다 일찍 가서 청소를 하고, 앞서 식사를 챙기고, 바지런히 움직였다. 그렇게 일을 배웠다. 석 달이 지나니까 월급이 나왔다. 그때부터 인쇄소 형들이 술자리에 끼워주더란다. 몇 달 후 작은 작업대도 주어졌다. 그렇게 식자공이 되었다.

1년이 지났을 즈음, 그는 수산경제신문사로 자리를 옮겼다.

"거기 계속 있으면 막내잖아요. 막내로 있으면 막내 일밖에 못해요."

새로 옮긴 직장은 직원만 100명이 넘는 제법 규모 있는 곳이었다. 월급 밀릴 일도 없고 기술만 배우면 된다고 생각했다. 기술도 품삯도 으뜸으로 인정받는 1급 식자공이 되고 싶었다. 하지만 그의 성실로도 막지 못할 일이 있었다.

"회사가 월급날이 25일이었어요. 그날이 일요일이면 전날에 미리 월급을 주곤 해요. 월급 받고 쉬는 날이라 학교 운동장에서 친구들하고 축구를 하고 있는데, 사람이 나와서 다 가시라고 하는 거예요. 전쟁이 났다고."

1950년 6월 25일이었다.

다음 날 출근을 했더니, 회사 문이 닫혀 있었다. 작은 누님이 있는 대전으로 갔다. 그곳에서 깡통을 모아 함석공장에 파는 일도 하고, 똥지게도 지고, 슈보이(구두닦이)도, 딱지장사(암표 팔이)도 했다.

"그때 미군이 노무자를 모은다는 거예요."

미군 부대에서 일을 할 사람을 뽑는다고 했다. 그는 미군들을 따라 강원도 영월로 가서, 부대 세탁실에서 일했다. 먹고사는 일을 해결하다 보니 3년 전쟁이 어느새 끝나가고 있었다. 귀국 준비를 하는 군 부대를 따라 그도 부산으로 옮겼다.

"부산에 이제 민정서관도 들어오고, 청구출판사도 오고. 그렇게들 내려온 거예요."

하지만 전국 각지에서 피난을 온 활판공들도 같이 왔다. 2년 경력을 쥔 그가 비집고 들어갈 자리는 없었다. 이러다가 기껏 배운 기술을 몽땅 잃어버릴지도 모른다는 생각이 들었다. 그는 가족을 두고 먼저 서울로 돌아왔다. 일을 구해야 했다.

"서울로 올라왔는데, 전부 폐허였어요. 폭격 맞아가지고. 그래도 서울은 서울이어서, 계동문화사가 문을 열었더라고요, 경복궁 옆에. 거기서 시작한 거죠."

다시 식자공으로 살았다.

"그때부터 어디 가나 그냥 신임을 받게 됐죠. 꾀부리는 게 없으니까. 기술은 한번 익히면 고칠 게 별로 없어요."

가늘던 손가락이 두꺼워지기까지

청구문화사, 백양사, 민중서관, 조영문 조판소…. 권영국은 자신이 근무했던 곳을 나열한다. 길게는 반백 년이 지난 시간. 그럼에도 잊지 않는다.

"조영문이라고 하면 모르는 사람이 없을 정도로 이름이 있던 데였어요. 민중서관, 여기선 일을 오래 했어요. 사전을 만드는 데에요. 그때는 사전 만드는 데가 큰 데였어요. 국어대사전, 독어 사전, 전부 여기서 만들었어요."

인쇄소 이름을 언급할 때마다 소개가 따라붙는다. 그럴 때마다 쪼글한 입가에 미소가 스치는 걸 본다. 이곳들을 거쳐 1급 식자공이 되어 갔다. 당시에는 기술공이 1년에 한두 번씩 자리를 옮기는 것은 특별할 것도 없는 일이었다. 평생 한곳에 붙박여 있던 것만 같은 지금의 백발 모습을 봐선 상상할 수 없는 재바른 시절이다. 스물 갓 넘은 나이였다.

"한곳에 오래 있으면 월급이 오를 줄 몰라요."

몸값이 실력인 세계. 이직을 반복해 자신의 기능

↑ 권용국의 조판대에는 활자들이 가득하다. 글자 간격을 정교하게 맞추기 위해 아주 얇은 쇠판을 넣고 뺀다.

식자공 권용국

(등급)과 임금을 올리는 건 기술자에겐 흔한 일. 새 직장에서 실력을 증명하는 방법은 단순했다.

"가면 물어요. 뭐가 제일 자신 있습니까?"

이리 대답했다.

"아무거나 줘도 다 합니다."

그냥 하는 말이 아니다.

"그 자리(조판대)가 얼마나 비싼 자리인데, 그 자리를 그냥 차지하고 있을 수 없잖아요. 실력이 없어 보인다 싶으면 바로 한 달 치 퇴직금 줘서 내보내는 거예요."

자리를 지키려면 비싼 판을 만들 수 있음을 증명해 보여야 했다. 그 비싼 판을 누가 얼마나 빠르게 만들 수 있는가로 실력이 갈렸다. 낯선 화학기호나 수학기호가 들어가는 대학 교재가 단가가 높았다. 옥편같이 잘 구분도 되지 않는 한자가 조밀하게 들어찬 판도 비쌌다. 손이 느린 식자공은 엄두도 낼 수 없었다. 한자 부수의 경우, 너비가 2밀리미터도 되지 않는 글자도 있다. 말 그대로 깨알 같다. 손으로 잡힐 리 없으니 핀셋으로 집어 들었다.

"식자를 하려면 손가락이 가늘어야 해요. 손 굵은 사람은 활자를 자꾸 떨어뜨리죠. 그러면 대우를 못 받아요."

정작 이 말을 하는 권용국의 손은 마디가 굵고 두 텁다. 소년공이던 시절에는 얇디얇았을 테지. 가늘던 손 가락이 세월 속에서 투박한 모양을 갖출 때까지 납을 쥐었다.

글자 짜는 사람은 놀면 안 돼

문선공이 뽑아낸 활자들이 나무틀에 가지런히 담겨 있 지만, 판을 짜는 것은 식자공의 몫이다. 채울 곳과 비울 곳을 파악하고, 그 배치의 균형과 아름다움까지 생각해 야 한다. 이를 위해 식자공의 작업대는 손톱만 한 잿빛 조각과 길고 짧은 판으로 어지럽다.

"첫 글자에는 정목을 넣어줘야 해요."

왼손에 활자를 담을 판을 든다. 오른손은 활자를 찾아 분주히 움직인다. 쇳대(얇은 쇠판)를 가져와 판의 오른쪽에 붙인다. 이제 시작이다. 그 옆으로 정목을 놓 고, 종이에 적힌 대로 활자를 채운다. 정목이란, 한글 자 판으로 친다면 한 칸 들여쓰기. 키보드 자판을 누르는 대신 글자가 심어진다. 다만 왼쪽이 아닌 오른쪽에서부 터 활자가 시작된다. 인쇄로 찍어내면 좌우가 반전된다. 글씨가 작은 데다가 좌우가 바뀌어 있으니 영 읽히지 않는데 권용국은 술술 막힘없이 활자를 채운다.

"여기 들어가는 건 인뗴루. 우리 땐 왜정 말이 남

았으니까 인떼루라 불렀어요. 지금은 그 말을 쓰면 안 되니까. 여기서는 사잇목이라 하지."

인떼루, 아니 사잇목(행간목)은 행간 사이를 벌리기 위해 넣는 긴 조각이다. 자간 사이를 띄우는 것은 공목. 작은 민무늬 활자 납 조각이다. 키보드 자판으로 치자면 '스페이스 바' 역할을 한다. 2배, 3배, 3배 반… 공목도 저마다의 크기가 따로 있다. 여기에 책 속 선이나 테두리 표시를 하는 장식괘까지.

"원래는 일하려면 여기가 다 펜스여야 해요. 영문에, 숫자에. 다 쌓아 올리면 기가 꽉 차요."

예전에는 식자대 앞쪽을 펜스처럼 막아두고 활자로 채웠다고 했다. 외국어 철자나 숫자, 문장 부호를 비롯해 각종 기호가 새겨진 조각들이었다. 어떤 활자든 식자공 손에 잡히는 곳에 놓여 있어야 했다. 누가 더 많은 판을 짜는가. 시간 싸움을 하는 이곳에서 일이 능숙하다는 건, 수많은 활자 속에서 길을 잃지 않는다는 말과 같다.

판에 글자를 다 심었다면 활판에 차곡차곡 쌓아 올린다. 그렇게 책 한 면의 활판이 완성되면 손으로 꾹꾹 눌러 모양을 잡고 흰 명주실로 묶어 고정시킨다. 이것이 정판. 그 정판에 잉크를 묻혀 찍어 교정을 본다. 원본과 다르게 심어진 글자가 없는지를 보는 게다.

베테랑의 몸

"그렇게 3번을 봐요. 외자(오탈자)가 나올까 봐."

이것은 교정부의 일. 컴퓨터 자판을 눌러서 지울 수 있는 시절이 아니었다. 외자를 만들지 않는 것도 식자공의 실력이다. 정확하고도 빠르고도 정교하게 판을 짜야 한다. 한 줄을 이루고 또 한 줄을 이루어 한 판을 만들고, 그 한 판을 쌓아가 한 면의 책을 완성한다. 이 인내가 필요한 작업을 조판대에 붙박여 달이 뜰 때까지 한다.

"식자는 딸린 식구가 많아요."

문선공과 견습공들까지. 식자공은 여러 사람의 일당을 책임진다. 원고 상태를 보고 자신이 시간당 몇 쪽을 짤 수 있는지 계산해 금액을 협상하는데, 약속된 시간을 지켜야 그 돈을 온전히 받아낼 수 있다.

"다른 사람은 놀아도 글자 짜는 사람은 놀면 안 돼요."

그땐 참 좋았지

"그때는 6시, 7시에 들어가는 법이 없었어요."
교과서나 잡지처럼 때를 맞춰 나와야 하는 책 주문이 들어오면 집에 가질 못했다. 밤샘도 잦았다.

"8시간 근무하고 4시간을 더 하면, 하루치를 더 줘요. 출근하면 이틀 치 일당을 버는 셈이죠. 밤을 새우면,

3시간 근무마다 하루 일당을 줘요. 밤샘 근무를 하면 보통 닷새 치를 가져가는 거예요. 교과서 만들고 이럴 때는 일이 많으니까. 한 달을 일하고 보통 석 달 치를 가져가고 그랬어요. 괜찮았죠. 몸도 젊으니까 괜찮았어요."

하루 일하고 닷새 치 품삯을 가져가는 것 같아 신이 났다. 젊었기에 몸 상하는 걸 걱정하지 않았다. 인쇄소 저편 구석에서 인내를 쌓는 조용한 작업이라 했지만 실은 앉을 새도 없이 이뤄졌다.

"앉으면 일 못 해요. 활자 찾을 때마다 앉았다 일어났다 하면 시간이 안 나오잖아요."

속 시끄러운 일이었다. 시간이 귀하니 움직임을 최소로 한다. 분주한 손과 달리 버티고 선 다리는 조용히 붓는다. 환한 조명 아래 깨알 같은 글자를 찾아 헤매는 눈은 뻑뻑하고, 작은 조각을 집느라 힘을 준 손가락은 뻣뻣하다. 쇠를 만지는 작업이다. 칸마다 잘 들어맞는 것이 중요한지라 활자 조각엔 어떤 곡선도 없다. 각진 모서리에 손끝이 긁히기도 많이 긁혔을 것만 같다만 그는 암만 물어도 괜찮다고만 한다. 손가락 건염(관절염)이 조판공에게 자주 발생한다고 하는데.

정작 관절염으로 고생을 한 이는 그의 아내. 자식 넷을 낳고 키운 아내 이야기를 할 때면 그는 "참 고생이

식자공 권용국

많았죠"부터 시작한다. 조영문 문화사에 있을 때 결혼을 해 65년을 함께했다. 네 아이를 안고 업고 손에 잡고 영천시장 골목을 오르내렸다. 그 시절 부부가 같이 네 남매를 키웠을 텐데, 자신에게는 고생이라는 말을 달지 않는다.

식자공으로 살며 유명 소설을 쓴 작가도 만나고 군부독재에 저항한 지식인도 알고 지냈다. 당대 굵직한 출판사들과도 일했다. 6·25 전쟁 피난길에도 야간학교 강의록을 사서 본 덕에 교복 한 벌은 받아 보았다고 했다. 제대로 입어보지도 못한 중학교 교복이 그의 학력의 끝이었으나, 한평생 그의 손에서 책이 떠날 줄 몰랐다. 자신의 손을 거쳐 간 작품들은 명성 높았다.

"이걸 하면서 편집장, 출판사들 웬만하면 모르는 사람이 없었죠. 장준하 선생님이 계신 사상계❷도 거쳐 갔어요. 사상계 때문에 인쇄소 사람들까지 서대문 경찰서에 끌려가는 거예요."

경찰에 끌려갔다고? 내 눈이 동그래진다.

"박정희 시절이었어요."

그가 나직하게 말한다.

"조판하려면 글을 읽어야 하잖아요. 읽은 걸 이야기하라고 하는 거지. 붙잡아 두는 거예요. 돌베개❸ 이해

---

❷ 독립운동가이자 민주화 운동가인 장준하가 1953년 '민족통일, 민주사상 함양, 경제발전' 등을 기본 방향으로 삼아 창간한 월간종합잡지. 1970년 5월, 김지하 시인의 〈오적(五賊)〉을 게재한 것이 문제가 되어 강제 폐간되었다.

찬 선생 때도 그랬어요."

그러면서 그 선생은 참 점잖았지, 그 선생은 인쇄
비를 밀린 적이 없었지, 한다. 연단이 아닌 조판대 앞에
서 만난 당대 지식인들 이야기를 듣는다. 귀도 가물가
물하고 눈도 침침한데, 옛 기억은 또렷하다. 이 모든 것
을 제치고 가장 큰 자부심은 역시 "돈 많이 벌어서 좋
았네". 노는 날이 없었다. 바쁨은 실력이었고, 안도였고,
자부심이었다. 자신의 기술로 먹고사는 사람이었다. 어
떤 세상이 올지 까맣게 모르던 때였다.

몸이 기억했다

언젠가부터 출력 버튼을 누르면 초 단위로 인쇄물을 뽑
아내는 오프셋 방식 기계가 하나둘 인쇄소에 자리 잡았
다. 1시간에 1000여 장을 힘차게 찍어내던 활판 인쇄
기는 뒤안길로 물러났다. 시간당 몇 만 장씩 인쇄물이
출력되어 나왔다. 더는 활자를 짜 맞출 필요도 없었다.
6·25 전쟁통에도 인쇄소를 기웃거렸던 권용국이지만 세
월의 흐름을 이길 수 없었다.

"그때는 이걸로 성공하자 했는데, 이렇게 일찍 없
어질 줄 몰랐죠. 전부 전산으로 가니까. 말도 못하게 없
어지는 거예요."

❸   돌베개 출판사. 유신 독재가 막바지로 치닫던 1979년에 이해찬이 민주화 운동가
장준하의 사상과 실천을 기본정신으로 하는 출판 운동을 펴기 위해 창립했다. 출판사
명칭은 장준하의 항일 수기집 《돌베개》에서 따왔다고 한다.

1980년대 당시 권용국은 인쇄소를 운영하고 있었다. 낡은 것이 된 활판 인쇄소가 설 자리는 없었다. 주문량이 급감했다. 거래하던 출판사들도 줄줄이 문을 닫으니 사업이 휘청거렸다. 후배에게 헐값에 인쇄소를 넘기고 외국으로 갔다. 빚을 졌으니 밤낮으로 일했다.

"1990년에 갔다가 월드컵 할 때 왔어요."

2000년대 초반 돌아온 한국은 더 가차 없이 달라져 있었고, 그는 활자 같은 것은 잊었다. 그런데 어느 날 누군가 자신을 찾는다고 했다. 활판 인쇄소 '활판공방' 박한수 대표였다. 박 대표는 전국을 돌며 고물 취급 받던 활판인쇄기와 주조기를 수집해, 2007년 활판공방을 연다. 그가 활판 인쇄기를 돌리겠다며 현역에서 물러난 인쇄 기술자를 하나둘 수소문한 것이다.

파주에 있는 활판공방에 입성한 날, 권영국은 인생에서 사라진 줄 알았던 활판을 다시 만났다. 그의 나이 75세였다.

"다 없어진 줄 알았는데, 반가웠죠."

손이 활자 사이를 기민하게 움직이는 데는 오랜 시간이 걸리지 않았다. 몸이 기억했다. 하지만 예전 같은 몸이 아니다. 한 해 한 해 몸이 다르다. 젊은 시절 기계인 마냥 움직이던 손가락도 눈에 띄게 느려진 것을 느낀다. 이제 돋보기를 대고 활자를 찾는다. 활판을 옮기는 그 짧은 순간에도 손목이 저릿하다. 납 조각 수백 개가 든 판이다. 젊었을 때는 별것도 아니었는데, 생각한다. 그렇지만 분주할 이유도 없다. 식자공만 수 명에 다다르던 인쇄소는 이제 찾아볼 수 없다.

활판공방은 일흔이 훌쩍 넘은 인쇄공(김평진)과 아흔이 다 된 식자공, 두 사람이 지키고 있다. 돈 버는 재미에 다리가 굳는 것도 몰랐던 1급 식자공은 이제 "돈을 떠나서 참 재미있어요"라고 한다. 식자대 앞에 설 수 있는 시간이 고마울 뿐이다.

"같이 일했던 사람들은 볼 수가 없네요."

해방 이후 40년, 식자공 인생에서 동료도 많고 제자도 많았다.

"참 나를 좋아하는 사람이 많았어요. 다들 어떻게 됐는지. 항상 따뜻하게 기술을 가르쳐 주었으니까요. 제자들이 많았거든요. 내가 기술 배우느라 고생을 했으니까. 가르쳐주고 싶었지."

그들이 어디 있는지, 나에게 묻는 눈을 한다. 그 눈이 주름지고 주름졌다. 10여 년 활판공방에서 같이 일했던 동료들마저 하나둘 떠나갔다. 나이가 그렇게 만들었다. 이제 그는 실력을 시험하듯 빼곡하게 글자가 들어찬 원고가 아닌, 달력이나 시집 같은 여백이 많은 원고 작업을 한다. 활판인쇄를 견학 온 초등학생들에겐

↓　　활판공방의 오랜 동료이자 지기인 인쇄공 김평진과 식자공 권용국이
나란히 서서 포즈를 취한다.

"베테랑은,

수많은 활자들 사이에서 길 잃지 않는 사람."

　　　　　　　베테랑의 몸

사람 좋은 할아버지가 되어 입술 끝에 웃음을 머금는다. 권용국도, 그의 활판도 세월 따라 여백이 늘었다.

꿈에 자꾸 나타나요

"이 일을 평생 해오셨잖아요. 돌아보니 어떠세요?"

큰 소리로 묻는다고 물었는데 그가 미소 짓는다. 들리지 않은 것이다. 다시 물을까 하다가 그의 표정이 담담해 보여 입을 다문다. 잠시 후에 그는 내게 이런 말을 한다.

"나이가 있고 그러니까 꿈에 자꾸 나타나네요. 젊어서 인쇄소에서 일하던 때가. 친구들도 그렇고…. 그때처럼 일할 수 있으면 좋을 텐데. 그게 꿈이 되네요."

젊은 혈기를 먹고사는 일에 바쳤다. 책 만드는 일이었다. 조용하다고 해도 공방은 미세한 소음에 둘러싸여 있었다. 그러나 주름진 손으로 돌같이 검은 활자를 차분히 쌓아 올리는 그를 보자니, 일터가 고요했다는 말을 이해할 수 있었다. 오롯한 집중. 어쩐지 그 모습이 기원을 품고 돌탑을 쌓는 것만 같았다. 차곡차곡 쌓아 올려 완성을 이룬다. 세월의 풍파에 다소 허물어질지라도. 아흔 평생, 그의 삶도 이루었다.

그는 존재하고 있다

"참, 나를 좋아하는 사람이 많았어요."

젊은 시절을 떠올릴 때면 권용국은 이 말을 했다. 평소 자찬을 좋아하지 않는 나였으나 그의 말에 작은 망설임도 없이 끄덕였다. 그가 사는 아파트로 인터뷰를 간 날이었다. 초인종을 누르자 문을 연 이는 그가 아닌, 중년의 여성이었다. 작은 딸이었다. 그는 나를 마중하러 나갔다고 했다. 어디서 엇갈렸는지 모르겠지만, 하필 그는 핸드폰을 챙기지 않았다. 쌓인 눈이 녹지도 않은 겨울이었다. 어디서 나를 기다리는 걸까. 아파트 단지를 누비느라 숨이 찼다. 마음이 한없이 오그라들었다. 그는 지금 항암약물치료를 받는 중이었다.

다행히 그날의 엇갈림은 짧게 끝났다. 딱 한 번 만났을 뿐인 나를 마중까지 나온 성정이었다. 혼잣말 같은 몇 마디 말을 제외하고는 손녀뻘인 내게 말을 놓은 적도 없었다. 알고 지낸 사람들에겐 얼마나 더 점잖고 따뜻했을까. 그 따스함을 기억해주는 사람들도 몇 남지 않았다. 그의 동료들은 세월이 가져가고, 그의 기술은 시대가 가져갔다.

"새겨지듯 찍히는 거예요."

내가 활판인쇄로 찍힌 종이를 들여다보고 있을라치면, 활판 공방의 두 어르신(식자공 권용국, 인쇄공 김평진)이 무심한 듯 활판인쇄의 매력을 한두 마디씩 짚는다.

"이거는 참 오래가요. 바래지도 않아."

인쇄물을 만져보라는 권유는 공방에 갈 때마다 마치 처음인 듯 이뤄진다. 하지만 정교함이라는 걸 모르는 나는 그들이 말하는 활판인쇄의 매력을 온전히 이해하지 못한다. 이 어르신들에게 요즘 세상을 어떻게 설명하나. 오래 두고 보는 책 같은 것은 없다고. 책이 가볍게 읽히고 쉽게 잊히는, 그마저 자리를 차지한다는 이유로 웬만한 책은 전자책으로 보는 시대라고. 나이들어 서러운 것은 사람만인 줄 알았다.

권용국의 퇴근길. 그를 따라 나서는데 가야 할 곳은 서울 강동. 파주와 정반대편에 있다. 오가는 데 서너 시간이 걸린다. 그 길을 또박또박 걸음으로 가는 게 아니다. 좌우로 상체를 흔들며 걷는다. 기우뚱 몸이 한쪽으로 쏟아질 듯한 그 걸음을, 나는 숙련공들을 취재하며 알게 됐다. 오랜 시간 한자리에서 미동 없이 일하다가 허리가 망가진 이들의 걸음이다. 지하철 선로 앞에 서자 스크린 도어에 몸을 기댄 채 한 손으로 허리를 짚는다. 내 머릿속엔 이 생각뿐. 제발 전철에 이 사람 앉을 자리가 있기를. 겉으로는 태연스레 옛날에는 어떻게 출퇴근을 했는지를 묻는다.

"그때는 전차가 많았죠."

수십 년 전이다. 집이 멀지 않아 걸어 다녔다고 했다. 가깝다고 하지만 엄살 없는 그의 성정을 아는지라, 그 길이 10분, 20분 거리가 아니었을 것이라 짐작한다. 몸 닳는 걸 염려하지 않고 살아왔다. 지하철이 도착하고 문이 열리자 사람들 머리부터 보인다. 앉을 자리가 없다. 그가 말한다.

"그때는 종일 서서 일하는 게, 그게 습관이 돼서. 이게 더 익숙해요."

괜찮다는 말만 달고 사는 인생은 무엇일까. 다행인 것은 평소에는 이렇게 사람들 퇴근 시간과 겹쳐 귀가하지 않는다고 했다. 느지막이 일할 만큼 조판 일이 많지 않다.

멸종동물이라고 했다. 활판인쇄 기계 수집가인 김진섭은 자신의 저서에 한 시절을 풍미하다가 고철 장수에게 팔려 간 활판인쇄기를 멸종동물에 비유했다.[4] 인쇄소 기술공들도 신기술이라는 문명에 밀려 사라졌다. 권용국은 인쇄소가 망하고 빚을 갚기 위해 일본으로 건너갔던 일을 들려주며 이런 말을 했다. "거기는 나이 관계를 안 해요." 기술 있고 성실하면 나이를 신경 쓰지 않고 사람을 고용한다고 했다. 멸종동물을 유독 더 보호하지 않는 나라가 있다.

공방에서 일이 한창일 때, 그의 친구로부터 전화가 걸려왔다. "나, 지금 회사야!" 이 말을 하는 그의 목소리가 무척 밝아서, 그것만으로 그가 왜 서너 시간의 출퇴근을 감수하는지 알아버렸다.

"친구들이 이 나이에 출근한다고 하면 다들 부러워하죠."

나는 이번에도 크게 끄덕인다. 활판인쇄물의 매력은 아직 모르지만, 그가 지닌 안도감과 자부심은 안다. 그는 존재하고 있다. 권용국처럼 오랜 세월을 잘 살아낼 자신은 없으나, 그의 머리에 앉은 것 같은 은빛 머리칼이 내 머리에도 올려지면, 종이책을 신기해하면서도 다소 불편하고 시대에 맞지 않는 것으로 여기는 어떤 이에게 말하겠지. 이 한 권의 책을 만들기 위해 얼마나 많은 사람의 노동이 있었는지. 그처럼 허리를 한 손으로 부여잡고 오래 앉아 있는 건 습관이 되어서 괜찮다고 익숙하다고

[4]   김진섭, 《책 기계 수집가》, 책공방, 2019.

말하겠지. 아니다. 그처럼 닳아버린 몸에 담담할 자신은 없다.

활판공방의 박한수 대표의 말을 빌려오자면, 활판인쇄는 "봉숭아 물을 들이는 것 같은" 일이다.

"오프셋 인쇄가 매니큐어를 바르는 것이라면, 활판인쇄는 손톱에 봉숭아 물을 들이는 것과 같습니다. (중략) 활판인쇄를 통해 요철과 우둘투둘한 엠보싱의 감촉을 느낄 수 있죠. 이는 밋밋하고 끝없이 지루한 아스팔트 길을 걷는 것이 아니라 마치 발바닥 감촉이 유별난 시골의 자갈길을 천천히 걷는 기분을 주게 됩니다."[5]

맨발로 시골의 자갈길을 걸어야겠다고 생각한다. 아스팔트 같은 삶이다. 시대의 흐름은 어쩔 수 없다고 해도, 그 길 위에서조차 과속을 하진 말아야지. 영국, 독일 등 유럽 등에선 주요한 국가기록물은 여전히 활판인쇄 방식으로 제작한다고 했다. 봉숭아 꽃물 들이듯 기록하고 보관한다. 오래 잘 기억하기 위해서.

[5] 국립한글박물관, 〈한글 활판인쇄의 자존심을 지킵니다〉, 《함박웃음》, 97호, 2021.09.

베테랑의 몸

© 희정 2023

초판 1쇄 인쇄   2023년 8월 11일
초판 1쇄 발행   2023년 8월 31일

글   희정
사진   최형락
펴낸이   이상훈
편집1팀   이연재 김진주
마케팅   김한성 조재성 박신영 김효진 김애린 오민정
펴낸곳   (주)한겨레엔 www.hanibook.co.kr
출판등록   2006년 1월 4일 제313-2006-00003호

주소   서울시 마포구 창전로 70 (신수동) 화수목빌딩 5층
전화   02-6383-1602~3
팩스   02-6383-1610
대표메일   book@hanien.co.kr

ISBN 979-11-6040-562-0 03300